D.E.哈丁

论没有头颅

禅与重新发现那显而易见的

THE SHOLLOND TRUST

论没有头颅

作者：哈丁
D. E. HARDING
译者：陈永财
编辑：Tina Wang
出版：The Shollond Trust
87B Cazenove Road, London N166BB, UK
UK charity 1059551
headexchange@gn.apc.org
www.headless.org
ISBN: 978-1-914316-59-3

论没有头颅：禅与重新发现那显而易见的
ON HAVING NO HEAD
Zen and the Rediscovery of the Obvious

目录
CONTENTS

序

道格拉斯·哈丁（Douglas Harding, 1909–2007）是撰写灵性和哲学书籍的英国作家。《论没有头颅》（On Having No Head）最初在1961年出版，很快便成为了关于灵性的经典著作。

这本书的核心问题是："我是谁？"哈丁对这个古老问题的回应绝对是现代的。这个回应基于一个科学观察：你的身份倚靠观察者的范围。其他人在几公尺以外看见你是谁——在那个距离中，你以人的身份出现。但在零距离时，你是谁？在自己的经验中，从你的角度看，你是谁？换句话说，你实际上是谁？在这本书中，哈丁邀请你自行寻找，发现关于你自己一个惊人而美妙的真理，这真理有转化生命的潜力。

这是一种现代的进路，但正如你将会看到，这进路与世上所有伟大的灵性传统和应。

理察德·朗
Richard Lang

假设有个人突然出现，用刀斩下你的头！

——惠忠（HUI-CHUNG）

斩你自己的头！…将你的整个身体融入视觉：
成为看见，看见，看见！

——鲁米（Rumi）

我的灵魂被带走，通常我的头也是，而我不能阻止。

——圣德兰（St. Teresa）

以空无遮盖你的胸部，并将不存在之长袍拉到你
头上。

——阿塔尔（Attar）

全然献出你自己…即使必须献出头颅本身，你为甚
么要为它哭泣？

——卡比尔（Kabir）

看进空无——这才是真的看见，永恒的看见。

——神会（SHEN-HUI）

1 真正的看见
ON HAVING NO HEAD

　　我生平最好的一天——可以说是我的重生日——是当我发现自己没有头时。这不是文学性的开场白，设计来不惜一切代价引起人们兴趣的妙语。我是完全认真的：我没有头。

　　我是在三十三岁时有了这个发现的。虽然它确实是突如其来的，但却是对一个紧迫问题的回应；我已经长达几个月都在思考一个问题：我是什么？（What am I?）事实上，当时我正行走在喜马拉雅山脉，这可能与此无关；尽管据说在那样的地方，不寻常的心境更容易出现。无论怎样，那是很平静、晴朗的一天，我站在朦胧的蓝色山谷的山脊，眺望世界上最高的山脉，这个环境配得上最伟大的异象。

　　实际发生的事情简单和平凡得有点荒谬：就在那一

刻，我停止思考。理性、想象和所有心里的喋喋不休都静止了。那一刻，语言真的失效了。我忘记了自己的名字、我的人性、我的物性，所有可以称为我或属于我的东西。过去和未来都离开了。彷佛我在那一刻刚刚出生，全新、无意识、没有任何记忆。只存在当下，那一刻以及其中清晰呈现的一切。观看已经足够。我发现的是卡其色裤管，向下终结于一双棕色的鞋子，卡其色的衣袖在两旁终结于一双粉红色的手，以及一个卡其色衬衫前襟向上终结于——完全什么也没有！肯定不是一个头。

我立即留意到这空无，这个本来应该有个头的洞并不是普通的空缺，不仅仅是空无。相反，那里填得很满。它是一个巨大的空无，却充满了万物，一个无有，但却有空间容纳一切——有空间容纳青草、树木、远处阴暗的小山，以及在它们上方的远处的雪峰，像一排棱角分明的云朵漂浮在蓝天上。我失去了头颅，但却得到了整个世界。

那完全是，毫不夸张地说，激动人心的。我似乎完全停止了呼吸，沉浸在所见之中。就在那里，这绝妙的景色，在清新的空气中闪闪发光，单独而且没有依托，神秘地悬于空无中，而且（这是真正的奇迹，那美妙和喜悦）完全没有"我"，不受任何观察者玷污。它的完全在场是我的完全缺席——包括身体和灵魂。比空气更轻，比玻璃更清澈，完全脱离我自己，我无处可寻。

但纵使这个异象神奇和异样，但它不是梦境，不是深奥的启示。刚好相反：它好像是从日常生活的睡眠中突然醒来，结束了梦境。那是自发光的现实，一次过扫清被遮蔽的心灵。那是终于来到，那完全明显的启示。那是混乱的生命史中一个清醒的时刻。那是停止忽略一些（至少从童年早期开始）我一直因为太忙或太聪明或太害怕而看不见的东西。那是赤裸裸、不带批判地留意一直正眼看着我的东西——我的完全没有脸孔。简单来说，那是非常简单、清楚和直截了当的，无可辩驳，也毋须思考和言语。没有问题浮现，没有超出体验本身的参考，只有和平及安静的喜乐，以及放下了一个不能忍受的担子的感觉。

认为人有一个与灵魂不同的身体的观念必须被消除；
我将通过……融化表面的假象，展示隐藏的无限来实现
这一点。

布莱克（Blake）

"我想我会去见她，" 艾丽斯说……"你不可能那样
做，"玫瑰说。"我会建议你走另一边。" 艾丽斯感到这
是胡说八道，所以她什么也不说，而是立刻走向红女王那
里。令她惊讶的是，她很快便看不见女王。

《镜中奇遇记》（Through the Looking Glass）

身为漂亮的人，我不是明星；
有其他人比我好看得多，
但我的脸孔-我不介意
因为我在它后面；
受到刺激的是前面的人。

摘自伍德罗·威尔逊（Woodrow Wilson）

② ON HAVING NO HEAD
使看见成为有意义的

随着我在喜马拉雅山的发现那最初的惊叹开始消退，我开始用以下类似的话来向自己描述那经验。不知何故，我以前模糊地认为自己居住在这个身体的房子里，透过它那两扇小圆窗看外面的世界。现在我发觉完全不是这回事。我凝视远处时，此刻有什么可以告诉我，我这里有多少只眼睛——两只，或三只，或百千只，或一只也没有？事实上，在我的正面这一边，只有一扇窗，而它是大开，无框和巨大的，没有人从那里向外望。总是另一个人有眼睛和脸孔作为框架；从来都不是这个人。

于是，存在两种——两种截然不同的——人类。第一种，我注意到无数样本，明显在肩膀上有一个头（而所谓"头"，我指一个不透明、有颜色和有头发的八英寸球体，上面有不同的洞）；而第二种，我只留意到一个样本，肩膀上明显没有这种东西。而在现在之前，我都忽略了这个显著的差异！我曾经长时间疯狂，一生都有幻觉（而所谓"幻觉"，我指的是我的辞典所说：明显感知到一件实际上不存在的对象），我总是好像其他人那样看自己，肯定从没有视自己为被斩首但仍然活着的两脚动物。

我一直对那总是存在的、没有它我确实是盲目的东西视而不见——这个奇妙的头部替代物，这无限的清晰，这光明且绝对纯净的空无，它不仅包含了所有提供的东西，而且本身就是一切。因为，无论我多么小心地留意，我在这里甚至找不到一个空白的屏幕，在上面投射这些高山、太阳和天空，或者一面清晰的镜子，在其中反映出这些东西，或者一块透明透镜或光圈，让人透过它们观看这些东西——更不要说一个人，藉以向他呈现这些东西，或者一个观众（无论多么模糊），是可以从这景色区分出来的。没有什么介入，甚至没有称为"距离"这莫名其妙和难以捉摸的障碍：那明显没有界限的蓝天，有粉红色边的白雪，草那闪闪发光的绿——

这些怎能是遥远的，当没有什么要距离遥远的？这里的
无头的空无拒绝一切定义和位置：它不是圆的，小的，
或大的，甚至不是这里与那里的区别。（而即使这里有
个头，可以从它向外量度，那由本身伸展到那山顶的测
量杆，在端对端地阅读时——而我没有其他方法阅
读——缩小到一个点，到什么也没有。）事实上，这些
有色的形状以全然的简单呈现出来，没有任何好像近或
远，此或彼，我的或不是我的，被我看见或只是给定这
样的复杂性。所有双重性——所有主体和客体的二元
性——都消失了：它不再被读进一个没有空间给它的情
况。

　　这些就是在那次异象之后的想法。不过，尝试用这
些或其他用语记下第一手的即时经验，便是借着将简单
的事情复杂化而歪曲它：事实上，事后检视拖得越长时
间，便越远离活生生的原初样貌。充其量，这些描述可
以提醒个人那种异象（没有那明亮的意识），或者邀请
它再现；但它们不再能够传递它重要的本质，也不能确
保重现，就像最诱人的菜单无法尝起来像晚餐，或者关
于幽默的最好的书籍不能让人明白笑话一样。另一方
面，我们不可能长时间停止思想，因此尝试将个人生命

中的清晰间隔联系到那混乱的背景是无可避免的。这样也可以间接鼓励明晰的再现。

无论如何，有几个基于常识的反对，是不能再被推迟，这些问题坚持要得到合乎理性的答案，无论怎样没有定论。个人变得需要"证明"自己的异象，甚至对自己也需要这样；个人的朋友也可能需要得到安慰。从某种意义上说，这个驯化的尝试是荒谬的，因为对好像听到中央C或尝到草莓酱一样清楚和不容反驳的经验，没有任何争辩可以增加或减少什么。不过，从另一个意义来说，这尝试是必须的，如果不想让自己的生活分裂成两个完全陌生、思想封闭的部分。

*****

我的第一个反对意见是：我的头可能不见了，但鼻子还在。它在这里，无论我去哪里，它都明显在我前面。而我的回答是：如果这模糊、粉红色、但完全透明的云悬在我右边，而这另一片相似的云悬在我左边，而它们是我的鼻子，那么我便数到它们有两个而不是一个；而我在你脸中间那么清楚地看到那完全不透明的单一凸起物并不是鼻子：只有无望地不诚实或迷惘的观察者才会故意用同一个名称来描述如此完全不同的东西。我宁愿依从我的辞典和惯常用法，这迫使我说，虽然几乎所有人类都有一个鼻子，但我没有。

尽管如此，如果某个误入歧途的怀疑论者，过分热衷于提出自己的观点，要从这个方向出发，以这两片粉红色的云团的中间为目标，结果肯定会好像我拥有最坚硬和被猛击的鼻子一样不愉快。同样，这微妙的张力、运动、压力、痕痒、呵痒、疼痛、温暖和悸动，从没有完全离开这中央地带的复合体又怎样呢？最重要的是，当我用手在这里探索时，这些触觉感受又如何呢？这些发现无疑构成了我此时此地确实存在头部的有力证据，不是吗？

我发觉他们没有做这种事。无疑这里明确给予多种感觉，不能忽略，但它们不算是头颅，或者任何像头颅的东西。惟一可以从中生出一个头颅的方法是加入各种这里明显没有的成份——特别是各种三维、有颜色的形状。虽然有无数感觉，但却被观察到没有眼睛、耳朵、嘴巴、头发和事实上其他被视为头颅的身体构造都拥有的，是一种怎样的头颅？清楚的事实是，这个地方必须保持清晰，避免任何可能模糊我宇宙的轻微雾气或颜色。

　无论如何，我开始四处走去寻找我失去的头颅时，我不仅没有在这里找到，而且还失去我在探索的手：我的手也被吞噬在我存在的中心深渊中。很明显，这个在打哈欠的洞穴，我所有运作所在的这个空置基地，这个我以前以为我放着我的头颅的神奇地方，实际上更像是一个如此猛烈的信标火焰，所有接近它的东西都会被瞬间彻底吞噬，以致它那照亮世界的光辉和明晰永远都不会有一刻被遮蔽。至于这些潜伏着的疼痛和痕痒等等，它们不能熄灭或掩盖这中心的明亮，正如这些高山和白云和天空无法做到一样。刚刚相反，它们都在它的闪耀中存在，而透过它们，人们也看到它在闪耀。现时的经验，无论运用什么感官，都只在一个空无和缺席的头颅中发生。因为此时此刻，我的世界和我的头是不相容的：它们不会混和。这双肩膀上没有同时容纳两者的空间，幸好是我的头和它的一切构造要离开。这不是关乎论证，或者哲学上的敏锐，或者令自己进入某个状态，而只是简单地看见——看谁在这里，而不是想象谁在这里，也不是接受所有其他人说谁在这里。如果我不能看到我是谁（还有特别是我不是谁），那是因为我太忙于想象，太"属灵"，太成年和有所知，太轻信，太受社会和语言的威胁，太害怕那明显的，以致不能按我此刻发现的真实情况接受它。只有我能够报告这里有什么。我需要的是一种警觉的天真。要承认本身的完美空无，需要一只纯真的眼睛和一个空无的头颅（更不要提一个坚强的心了）。

******

很可能唯一可以说服仍然说我这里有个头颅的怀疑论者的方法是，邀请他来这里，自己亲自看一看。但他必须是诚实的记者，只描述他观察到的事情。

由房间另一端开始，他看见我是一个有标准高度，有一个头的男人。但在他走近时，他看见半个人，然后是一个头，然后是模糊的面颊、眼睛或鼻子，然后只是模糊，最后（在接触点）什么也没有。或者，如果他刚好有所需科学仪器，他会报告说模糊的影像分解成组织，然后是细胞群，然后是一个细胞，一个细胞核，巨大的分子……诸如此类，直到他来到一个地方，什么也看不见，一个没有任何固体或物质物体的空间。无论怎样，来这里看实际上是怎样的观察者也发现我在这里发现的情况——空缺。而如果他也和我一样在这里发现了非实体，他会转身（和我一起向外看，而不是向内看着我），会再次发现我所发现的这个空缺充满那场景。他也会发现这中心点爆发成无限的体积，这无有变成所有，这个这里变成所有地方。

而如果这位心存怀疑的观察者仍然怀疑自己的感官，他可能尝试改为使用他的照相机——这个装备没有记忆和预期，只会记录它刚好所在的地方所包含的东西。它记录了关于我的相同印象。在那里，它拍到一个男人：在中途则有一个男人的点点滴滴：在这里没有男人，什么也没有——或者指向另一边时，是他的世界。

******

因此这个头不是头，而是一个错误的想法。如果我仍然可以在这里找到它，我便是"看见一些东西"，应该立即去看医生。无论我找到的是我的头，或拿破仑的头，或圣母玛利亚的头，或一只煎蛋，或一束漂亮的花，都没有多大分别：有任何头饰都是一种妄想。

不过，在我清醒的间隔，我在这里明显没有头。另一方面，在那里，我显然远非无头：实际上，我的头多到我不知道怎样处理。无论是隐藏在观察我的人和照相机里面，在相框上展示出来，在擦过的镜子后面做鬼脸，从门把手和汤匙和咖啡壶和任何能够接受抛光的东西向外凝视，我的头都总会出现—虽然或多或少缩小和扭曲了，后面扭到前面，反转过来，通常是倒置的，并且无限地倍增。

但有一个地方是我的头不能出现的，那就是我的肩膀上面，因为它会遮住这个中央空洞，而这个空洞正是我的生命源泉：幸运的是，没有什么能做到这一点。事实上，这些松散的头颅永远最多只是那"外在"或现象世界暂时和没有特权的偶然，虽然是有中心的本质，却丝毫不影响它。事实上，我的头在镜中是那么没有特权，以致我不必然视它为属于我的：当我年纪很小时，我在镜中认不出自己，现在当我有某一刻重拾我失落了的纯真时，我也认不出自己。在我比较清醒的时刻，我看到那里那个男人，那个太熟悉的人，他居住在镜子后面的另一个浴室里，而且似乎所有时间都在凝视这间浴室—那细小、乏味、受限、具体化、老化和那么脆弱的凝视者——在每一方面都与这里这个真我相反。我从来都只是这个不老、无量、清醒和完全没有瑕疵的空无：我会混淆那里那个在凝视的幽灵和我清楚看见此时此地一直都在的自己，这是无法想象的！

****

尽管这一切在第一手经验中显得如此清晰，却仍然显得极其矛盾，挑战常识。这是否也挑战了科学，科学被认为只是稍微整理过的常识？无论怎样，关于我怎会看到一些东西（例如你的头），但又看不见其他东西（例如我的头），科学家有他自己的故事：而他的故事明显行得通。问题是：他可以将我的头放回到我的肩膀上，也就是人们告诉我它应该出现的地方吗？

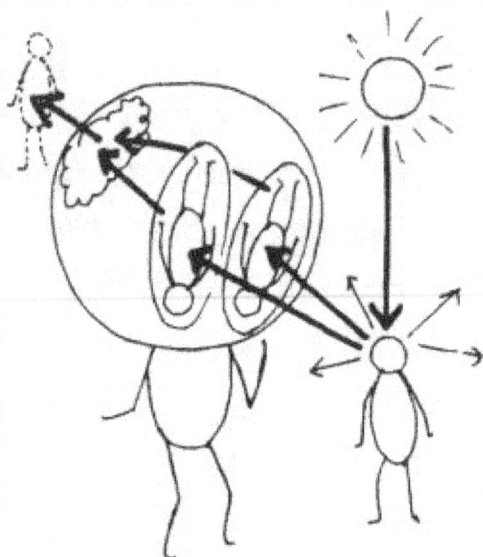

简而言之，他关于我怎样看你的故事大概是这样的。光离开了太阳，八分钟后去到你的身体。而你的身体吸收了一部分光。其余的光弹到不同方向，其中一部分来到我的眼睛，经过晶状体，在我眼球后面的屏幕形成一个倒转的你的影像。这影像在那里的光敏感的物质中引起化学改变，这些改变干扰造成屏幕的细胞（它们是细小的生物）。它们将刺激传到其他很长的细胞；这些细胞再将刺激传到我脑中某个区域。只有在到达这个终点，这些脑细胞的分子、原子和粒子受到影响时，我才看见你或其他东西。其他感官也是这样；在汇合的刺激在最剧烈的改变和延迟后到达这中心前，我看不见什么，听不见什么，嗅不到什么，尝不到什么，也感觉不到什么。只有在这终站，一切都到达我此时此地的大中央车站，整个交通系统——我称为我的宇宙——才涌现出来。对我来说，这是一切创造的时间和地点。

关于科学这个平淡的故事，有很多古怪的事情，是离常识无限远的。而当中最古怪的是，故事的结束抵消了故事的其余部分。因为它说我可以知道的只是在这脑部终端，我的世界奇迹般地得到创造的此时此地发生什么事。我没有方法找出在其他地方发生什么事—在我头部的其他区域，在我双眼中，外面的世界——如果真的有其他地方，有一个外面的世界的话。令人清醒的真相是，我的身体和你的身体，以及地上的其他一切，还有宇宙本身——彷佛它们可能在外面，在本身和本身的空间中，独立于我地存在——都只是虚构，不值得再想。没有也不可能有证据显示有两个平行世界（一个不可知的外在或物质世界，加上这里一个已知的内在或精神世界，神秘地复制那个外在世界），但只有总是在我面前的这一个世界，而在其中我找不到思想和物质，里面和外面，灵魂和身体的区分。它就是被观察到的那样，不多也不少，而这正是这个中心的爆发——这个"我"或"我的意识"应该位于的终点——这种爆发足够强大，能够扩展并成为现在在我面前的这个无限场景，这个场景就是我。

简而言之，科学家的感知故事不仅没有与我天真的故事相矛盾，反而证实了它。暂时且常识性地，他将一个头放在我肩膀上，但那个头很快便被宇宙赶走。将我视为"一个有头的普通人"的常识或非悖论观点根本行不通。一旦我稍为细心地检视它，便发现它根本是胡说八道。

****

不过（我告诉自己）它在每天的实际目的方面似乎运作得足够好。我继续下去，彷佛悬在这里，垂挂在我宇宙中间，一个八英尺的坚硬球体真的存在。我也倾向补充说，在我们所有人居住的这个不追根究底且真正顽固的世界里，这种明显的荒谬是无法避免的：它无疑是一个如此方便的虚构，以至于它可能就是简单的事实。

事实上，它一直都是谎言，而且往往是不方便的谎言：它甚至可以令人损失金钱。考虑一下广告设计师——没有人会指责他狂热地追求真理。他的工作是说服我，而最有效的方法之一就是让我以真实的样子进入画面。因此，他必须把我的头排除在外。

他没有展示另一种人——有头的那一个——将一只玻璃杯或一枝烟提到嘴巴，而是展示我这种人这样做：这只右手（在图片右下角以刚好正确的角度拿着，而且几乎是没有手臂）将一只玻璃杯或一枝烟提到——这个没有嘴的、张开的空洞。这个人实际上不是陌生人，而

是我自己，正如我在自己眼中一样。我几乎无可避免地参与其中。难怪这些身体的点点滴滴在图画的角落出现，没有一个头颅在中间的控制机制去连结或操作它们——难怪在我看来它们完全自然：我从没有其他类型！而那个广告人的现实主义，他对我实际是谁那非常识的工作知识明显有回报：我的头离开时，我的销售阻力也倾向跟从。（不过，也有限制：例如，他不大可能展示玻璃杯或烟上面的一朵粉红色的云，因为我无论如何也提供了那一点现实主义。给我另一个透明的鼻影是没有意义的。）

电影导演也是实际的人，他们更感兴趣的是对体验的生动再现，而不是辨别体验者的本质；但事实上，其中一方涉及一点另外一方。当然，这些专家十分清楚（例如）与我对看见一部明显由我驾驶的汽车的反应相比，我对看见一部明显由别人驾驶的汽车的反应是多么无力。在看见别人驾车时，我是人行道上的旁观者，观察两部相似的汽车很快地靠近，相撞，令司机死去，燃烧起来——而我只是感兴趣。在看见我自己驾车时，我是其中一个司机——当然好像所有第一人称司机一样没有头，而我的汽车（它拥有的只有很少）是固定的。这里是我在摇晃的膝盖，我一只脚用力踏着加速器，我双手与方向盘搏斗，长长的引擎盖在前面倾斜，电线杆呼啸而过，那条路蜿蜒来去；而另一部车，起初很细小，但变得越来越大，直接驶向我，然后是那碰撞，强大的闪光，以及空无的沉寂……我倒回我的座位，恢复呼吸。我被带去兜风。

这些第一人称的序列怎样拍摄呢？有两个可能的方法：要么是拍摄一个没有头的假人，头的位置有一个摄影机；或者拍摄一个真人，他的头放到很远或一旁，给摄影机留位置。换句话说，为了让我可以与演员认同，他的头必须被移开：他必须是我这种人。因为一张有个头的人的照片完全不像：那是别人的肖像，一个错误身份的个案。

实在奇怪，有人去找广告人，藉以一瞥关于自己最深刻——和最简单——的事实；好像摄影机这种精密的现代发明应该有助除去小童和动物都没有的错觉，这也是奇怪的。但在其他时代，还有其他同样奇特的指示物指向十分明显的事情，而我们人类自我欺骗的能力显然从未完全消失。深刻但暗淡地意识到人类的状况，可以解释很多古老迷信和传说的流行，这些迷信和传说是关于松脱并飞行的头，或者单眼或无头的怪物和鬼魂，没有头的人类身体，以及在被斩头后走很多里路的殉道者——这些无疑是梦幻般的图画，但比常识更接近这个人的真实画像，即第一人称单数，现在时的真实肖像。

****

因此，我在喜马拉雅山的经历不单是诗意的幻想或虚无飘渺的神秘飞行。在每一方面，它原来都是清醒的现实主义。而渐渐地，在随后的年月，它的实际含义和应用，它转化生命的后果才让我全面看到。

例如，我看到在两方面，这新异象必定要将我的属性转移到其他人那里，实际上更要转移到所有受造物。首先，因为它消除了对抗。遇到你时，对我来说只有一张面孔——就是你的——而我永远都不能与你面对面。事实上，我们交换面孔，而这是最宝贵和亲密的交换外表。第二，因为它给我对现实的完美洞见，那现实是在你的外表背后，那让我看到你，正如你对你自己来说是怎样，我有充分的理由对你充满敬意。因为我必须相信，对我来说是真实的，对所有人也是真实的；我们都在同一个状态之中——化约成无头的空无，化约成无有，让我们可以包含和成为一切。我在街上经过的那个细小、有头、看起来牢固的人——那个是从来都经不起仔细检查的幻影，严重伪装的，是那真实的一个会走路的对立和矛盾，这真实的有无限的范围和内容：而我对那人的尊重，正如我对每个活物的尊重，也应该是无限的。他的价值和辉煌不能被高估。现在我准确知道他是谁，以及怎样对待他。

事实上，他（或她）是我自己。我们每人都有个头时，很明显我们是两个人。但现在我们是无头的空无；有什么将我们分开？我找不到包围我这个空无的外壳，我没有形状或界限或限制：因此它只能与其他空无融合。

关于这融合，我就是我自己最好的样本。我不怀疑科学家说的，从他那里观察，我有一个清楚界定的头颅，包含一个巨大的等级，有好像器官、细胞和分子等清楚界定的部分——一个有物质事物和过程，不能穷尽的复杂世界。但我刚好知道（或者就是）这个世界和它的每个居民的内在故事，而这完全与外部故事相矛盾。在这里，这个偌大群体的每个成员，从我的头颅本身最细小的粒子，都好像阳光中的黑暗一样消失了。没有外人有资格代表它们说话：只有我可以这样做，所以我发誓它们全都是清醒、简单、空无和统一的，没有任何分裂的痕迹。

如果我的头颅是这样，我视为"我自己"和"这里"的一切也同样是这样——简单来说，这整个身体-思想都是这样。在我这里，现在这个时候（我问自己），实际上是怎样的？我是否困在马可·奥勒留（Marcus Aurelius）所说的这袋血和腐败中（而我们可能称为这个行走的动物园，或细胞-城市，或化学工厂，或粒子云），还是我被它拒之门外？我是否一生嵌入一个固体、人形的块体（大约六英尺乘二乘一）中，还是在那块体外面，或许同时在它里面和外面？事实是：事情完全不是这样。这里没有阻碍，没有里面或外面，没有空间或缺乏空间，没有藏身之处或庇护所：我在这里找不到可以居住，或锁上不能进入的家，也没有一寸土地可以在其上兴建这个家。但这无家完全适合我——空无不需要有房子。简单来说，这种物理秩序的事物，表面和在远处看来是那么结实，实际上总是易溶的，在真正仔细检查时没有任何残留。

我发现这不仅适用于我的人类身体，也适用于我的整体身体，即宇宙本身。（甚至从外部观察者的观点来看，这些实体之间的区分也是人为的：这个身体在功能上是那么与其他一切联合，那么倚靠它的环境，单凭它本身是不存在且不可思议；事实上，除了作为那个唯一存在的、独立的、因此真正活着的整体身体，没有任何生物能存活片刻。）我承担多少这个整体身体，取决于具体情况，但我会自动感受到我需要的部分。因此，我可以完全轻松地先后与我的头、我六尺高的身体、我的家庭、我的国家、我的星球和太阳系（当我想象它们受到其他人威胁时）等等认同，而不曾遇到任何限制或障碍。而无论我暂时的体现是多么大或多么小——这个我称之为"我的"并认为在这里的世界的一部分，我现在思想和感受的这部分，我用来支持自己的这部分，我采纳了其观点的这部分，我设身处地进入的这部分——它无可避免地原来是空无，本身什么也没有。所有表象背后的现实是清醒、开放和全然可以接触的。我知道怎样进出每个生物内心深处的秘密，无论对外人来说那似乎多么遥远或讨厌，因为我们都是一个身体（Body），而那个身体是一个空无（Void）。

而那空无就是这空无，完整不能分开，没有分出去或拆开成我的、你的和他们的，它的一切都存在于此时此地。这一点，这个我的观察站，这特定的"应该有个头的洞"——这是一切存在的根基和容器，作为物质或现象世界出现的一切（投射"到那里"时）的唯一来源，那唯一、无限的、有繁殖力的子宫，一切生物都从那里出生，也回到那里。它是绝对的无，但又是万物；是唯一的现实，但又是缺席者。它是我的自我。没有任何其他东西。我是所有人，也是无人，且独自一人。

灵魂现在对身体再没有进一步的意识，也不会给她自己外来的名字，不是男人，不是活人，也完全不是任何东西。

普罗提诺（Plotinus）

圣人将身体抛弃得像尸体一样远，再也不依附于它。

商羯罗（Sankara）

如果睁开眼睛寻找身体，便再也不能找到它。这称为：在空间中它生出光。里面和外面，一切都同等是光。那是一个非常好的兆头。

《太乙金华宗旨》

发誓要实现完美的理解，明白虚幻的身体如露亦如电。

虚云禅师（1959年圆寂前）

③ 发现禅
ON HAVING NO HEAD

在我最初体验到无头状态后的几个月和几年里，我努力尝试明白它，我已经简略地讲述了那结果。在这段时间，那异象本身的性质没有改变，虽然它倾向在我发出邀请时更容易来到，而且会停留更长时间。然而，它的运作方式和意义随着时间的发展而发展，当然也受到了我阅读的影响。我肯定在书籍中找到一些帮助和鼓励，包括科学、哲学和宗教书籍。特别是，我发现一些密契主义者似乎看到了并重视我在这里看到的自己。

另一方面，讨论几乎总是毫无成果。"当然，我看不到我的头，"我的朋友们会说。"那又怎样？"而我愚蠢地开始回答："所以一切！所以你和整个世界都被颠倒了……"这没有用。我无法以一种让听者感兴趣的方式描述我的经历，也无法向他们传达其质量或意义。

他们真的不知道我在说什么——对双方来说，这都是令人尴尬的情况。这里有些非常明显、十分重要的事情，带来纯粹和惊人的喜悦的启示——但只是对我而不是任何其他人来说！当有人开始看见其他人看不见的事情时，别人会感到惊讶，甚至会去找医生。我的情况也相当相似，唯一不同是我看不见东西。一些孤单和挫败是无可避免的。这一定是真正的疯子的感觉（我以为）——与人隔绝，不能沟通。

另外一个引致沮丧的原因是，在我的同伴中，往往是比较有文化和聪明的人似乎尤其不明白：彷佛无头是一种幼稚的偏差，好像吮拇指一样，是早应该因为长大而放弃并忘记的。至于作家，他们一些最出色的人甚至告诉我，我疯了——要不就是他们自己疯了。切斯特顿（Chesterton）在《诺丁山的拿破仑》（The Napoleon of Notting Hill）中以极致的荒谬结束他那张科学奇迹的反讽清单：没有头的人！伟大的哲学家笛卡尔（Descartes）（被公认为伟大，因为他以提问已经清楚给定的事情开始他那革命性的探究）走得好一点：他实际上开始他那张确定事物的清单——那些是"真实，因为由感官感知"——时提出一个惊人的宣告："首先，我感知到我有一个头。"甚至街上那个应该更清楚的人也说一些特别明显的事情："噢，那好像你脸上的鼻子一样明显！"世界上有那么多明显的东西他可以选择，而他却选择了鼻子！

我仍然选择我自己感官的证据而不是这一切道听途说。如果这是疯狂，至少它不是二手的疯狂。无论如何，我从没有怀疑，我看到的就是密契主义者看到的。唯一古怪的事情是似乎很少有人以这种方式看待它。大部分灵性生命的大师都似乎"保留了他们的头"；或者如果不是这样，也很少人以为失去头颅是值得提及的。就我能够发现的来说，他们肯定没有一个将实践无头性包含到任何灵性操练的课程中。为什么一个这样明显的指标，这样有说服力和一直存在地示范无有，是灵性领袖在宣告时从不厌烦的，却被如此忽视？毕竟，这显而易见；无法逃避。如果有什么东西打在你脸上，就是这个。我感到困惑：甚至有时感到沮丧。

然后——迟来总比不来好——我偶然发现了禅。

****

佛教禅宗以困难闻名——对西方人来说几乎困难得不可能。因为这个原因，西方人经常受到劝告，只要能够，最好继续守着他们自己的宗教传统。我自己的经验却刚好相反。经过超过十年在其他地方搜寻，而且很大程度上毫无成果后，我终于在禅师的文字中找到很多呼应我生命中那中心经验的事情：他们说着我的语言，我的情况。我发现很多这些大师不单失去他们的头（正如我们都是那样），更清楚意识到他们的状况，以及它的重大意义，并运用所有手段令他们的门徒也有同样的觉悟。让我提供几个例子。

著名的《心经》总结了大乘佛教的精髓，在禅宗的寺院中每天都有人背诵。《心经》开始时说身体只是空无，宣称没有眼，没有耳，没有鼻。可以理解的是，这个大胆的宣告令年青的洞山（807-869）感到迷惑；他的老师不是禅师，也不大能够理解。这个学生细心地研究他的老师，然后以自己的手指探索自己的脸孔。他抗议道："你有一双眼和两只耳朵，还有其他部分；我也是这样。为什么佛陀告诉我们没有这些东西？"他的老师回答说："我帮不到你。你一定要接受禅师的训练。"他离开了，并接受了这个建议。不过，他的问题仍然得不到解答，直到多年之后，当他走出去，向下望向一池死水时。在那里他发现佛陀谈及的人类特征——在它们所属的位置，在他总是保存着他们的位置展示出来：在一段距离以外，这个地方永远都变得透明，永远都清除了它们，正如其余一切一样。这个最简单的发现——这个完全明显的启示——原来就是洞山寻觅了那么久的重要觉悟，这令他不单自己也成为著名的禅师，而且更创立了曹洞宗，今天它是禅宗最大的宗派。

这事件之前大约一个世纪，禅宗六祖惠能（637-712）就同一课题提出他著名的劝告。惠能建议明师兄停止所有渴望和思考，只要看。"看在这一刻你的脸是怎样的——在你（事实上也是在你父母）出生前的这张脸。"据记载说，这样明便在自己里面发现万物的基本源头，而在那之前他一直都在外面找寻。现在他明白整件事，发现自己泪流满脸，浑身都流着汗。他向六祖敬礼，问他还有什么秘密有待发现。惠能回答说："在我向你显示的当中，没有隐藏什么。如果你向里面看，并认出你自己的'本相'，一切秘密都在你里面。"

惠能的本相（没有脸，什么也没有）是最著名的禅宗公案，对很多人来说也是最有帮助的公案：在多个世纪以来的中国，据说它非常有效地指向开悟。事实上，根据大灯国师（1281-1337），禅宗的1,700个公案，全都只是指向我们原来毫无特色的脸孔。关于这脸孔，无门（十三世纪）说：你不能描述或绘画它：[1]

---

[1] 但你可以在绘画中显示它——看本书第一章的绘画——或者应该是绘画外面，看它没有什么。

你无法对它给予足够的赞美，也无法感知它。

不能找到任何地方，在其中

安放原来的脸孔；

它不会消失，甚至在

宇宙毁灭时。

惠能的其中一个传人，禅师汕头（700-790）以稍为不同的方式表达。他命令说："放弃你的喉咙和嘴唇，让我听听你可以说什么。"一个僧人回答说："我没有这些东西！"有鼓励性的回答说："那你就可以入门了。"与汕头同代的禅师百丈（720-814）也有一个十分相似的故事。他问其中一个僧人，他怎样可以没有喉咙、嘴唇或舌头而说话。当然是由个人的声音发出的静默空无——从黄檗（死于850）写到的空无："那是无孔不入、一尘不染的美；那是自存和未经创造的绝对。那么，真正的佛陀没有嘴巴又不传扬佛法，或者真正的聆听不需要耳朵，因为谁会聆听它，这怎会是供讨论的事情？啊，它是无价的宝石。"

为了帮助实现这种觉悟，据说禅宗初祖菩提达摩（6世纪）曾建议在后脑勺上狠狠敲一锤。大慧（1089-

1163）也同样不妥协："这件事（禅）就好像一大团火：你走近它时，你的脸肯定会烧焦。它也好像一把快将拔出的剑；一旦它出鞘，一定有人会失去生命…宝贵的金刚剑就在这里，它的目的是把头砍下。"事实上，斩头是禅师和徒弟之间谈话的常见课题。例如以下这段九世纪的交流：

龙亚：如果我威胁说要以世上最锋利的刀斩掉你的头，你会怎样做？

禅师将自己的头拉进去。

龙亚：你的头掉了！

禅师微笑。

很明显，禅师和徒弟都没有头，他们十分了解对方。他们也能够十分了解波斯杰出的伊斯兰密契主义诗人鲁米（Jalalu'l-Din Rumi）（1207–1273）的劝告："斩掉你自己的头！""将你整个身体消融到异象中：成为看见、看见、看见！"

另一位伟大的密契主义诗人，印度的卡比尔（Kabir）（生于1440）说："我从祂那里学到，没有眼地看，没有耳地听，没有嘴地喝水。"

　　如果卡比尔没有眼去看，他怎么能看到？正如我们已经指出，现代科学本身也同意，我们实际上不是以眼睛来观看。眼睛只是由太阳，经过阳光和大气以及发光的物体，经过眼睛的晶状体、视网膜和视神经，一直到脑中一个区域的粒子/波浪停留的空间，最终（据说）看见真的发生这一长长的链条中的连结。事实上，生理学家越深入探究对象，就越接近主体对自身的直接体验——空性，这也是唯一的观察者和听者，唯一的体验者。（这并不是说如果他的仪器和技巧够精细，他便可以借着探究那物体而去到主体那里：要这样做他只需要将注意力转180度。）这与古老的禅师所说的完全一致。临济（死于876）告诉我们："身体并不知道怎样交谈或聆听交谈……这在你身处的地方毫无疑问地可以感知的，绝对能够识别但又没有形体的——聆听交谈的就是这个。"在这里，这位中国的大师和卡比尔及其他人一样，呼应《楞严经》（禅宗之前的一本印度经典），那里教导说，假设我们以眼睛观看，或以耳朵聆听是荒谬的：因为这些都融合起来，消失进我们"原本明亮和富魅力的脸孔"绝对空性中，以致任何类别的经验变得可能。

　　更早期，道家的智者庄子（约公元前300年）描绘了一幅令人愉快的图画，是关于我这张没有特征的脸孔或这个空无的头的。他称它为"浑沌，中央之帝，"并将它在这里的完全空白与外面那些著名的七窍头对比："南海之帝倏与北海之帝忽时相与遇于中央之帝浑沌之地。浑沌待之甚善。倏与忽谋报浑沌之德。曰：'人皆有七窍以视听食息，此独无有，尝试凿之。'日凿一窍，七日而浑沌死。"

无论我如何烦躁不安，重新尝试借着将我这人类有七窍的特性强加给中央之帝，从而试图谋杀他，我也永远不能成功。镜中那边的面具永远不能触及我这里原本的脸孔，更不要说使它变得难看。没有影子可以落在浑沌上面，他是没有身体和永恒的君王。

****

但为什么要这样强调脸孔和头颅，而不是作为整体的身体消失？答案是人类可以清楚看到的。（鳄鱼和蟹会讲述不同的故事！）对在这里的我来说，有那些感官的脸孔刚好是颇为特别的，它总是缺席，总是被吸进这个是我的巨大空无中；而我的躯干、手臂和腿有时则同样地被吸收，有时则不是这样。现的空白包括和排除多少并不重要：因为无论它照顾的有限对象的范围和重要性怎样，它都是无限地空无和无限地巨大的。无论它在消融我的头（正如我向下望时），还是我的人类身体（正如我向外看时），或者我的大地身体（正如我在户外向上望时），或者我的宇宙身体（正如我闭上眼时），都没有真正的分别。那里的一切，无论多么细小或巨大，在这里都同样可以消融，同样能够来向我显示我在这里是无物。

在文献中，我们找到关于整个身体消融更雄辩的记述。让我引述几个例子。

圆悟（1566-1642）写到禅："它就呈献在你的脸上，在此刻整件事都交给你…看进你整个存在…让你的身体和思想变为大自然一件没有生命的对象，好像一块石头或一块木头；取得完全一动不动和无知无觉的状态时，所有生命的迹象都会离开，限制的任何痕迹也会消失。没有任何意念会打扰你的意识，看哪！突然间你会发现一束光，是充满完全的喜悦的。那就好像在漆黑一片中遇到光；那就好像在贫穷中得到财富。四元五蕴（你整个身体构成）不再感到是负担；你变得那么轻盈，那么从容，那么自由。你的存在已经从一切限制中释放出来；你变得开放、轻盈和透明。你对万物的本质有了启发性的洞见，现在万物在你看来好像很多童话般的鲜花，没有可以抓到的现实。这里显现了那质朴的自我，也是你的存在的原来脸孔；这里赤露地显示了你出生地最美丽的风景。那里从头到尾只有一条开放而且毫无障碍的直路。在这里你交出一切——你的身体，你的生命，以及属于你最内里自我的一切。你在这里得到和平、从容、无为和无法表达的喜悦。"

圆悟提到的那种特别的轻盈也是道家的列子（约公元前400年）经验到的，那种程度令他似乎是御风而行。他这样描述那种感觉："内外进矣。而后眼如耳，耳如鼻，鼻如口，无不同也。心凝形释，骨肉都融；不觉形之所倚，足之所履，随风东西，犹木叶干壳。竟不知风乘我邪？我乘风乎？"

十六世纪的禅师憨山提到开悟的人时说，他的身体和心都完全不存在：它们与绝对的空相同。关于他自己的经验，他写道："我去散步。突然间，我站着不动，完全明白我没有身体或思想。我只看见一个巨大、发光的整体——无所不在、完美、清醒和宁静。好像一面无所不包的镜子，地上的众山和河流都从它那里投射出来…我感到清晰和透明。"道元（1200-1253）在一次得释放的出神中呼喊："思想和身体脱去！脱去！脱去！你们都必须经验这状态；这就好像将水果放进一个无底的篮子，好像将水倒进一个有个洞的碗里。"白隐慧鹤（1685-1768）说："突然间，你发现你的思想和身体都从存在中被抹去。这就是所谓放弃你的执着。你重拾呼吸时，好像饮水而又知道水是冷的。那是无法表达的喜乐。"

在我们这个世纪，铃木大拙总结道："对禅来说，化身是脱身；肉身是非肉身；此时此地等同空无（sunyata）和无限。"在禅宗之外，很难找到如此清晰且不带宗教色彩的陈述。然而，一旦知道该寻找什么，就可以在其他传统中找到许多相似之处。这是意料之中的：重要的异象必须超越历史和地理的偶然。

无可避免地，最相近的类似要在佛教的发源地印度寻找。智者和不二论或绝对非二元论的诠释者商羯罗（约820年）教导说，一个人不能奢望得到解脱，除非他停止将自己等同于身体，因为身体只是源于无知的幻象：他真正的自我好像空间，独立、纯粹、无限。将不真实的身体与这真实的自我混淆是束缚和悲惨的。印度现在仍然有这教义。它近年其中一个最清醒的模范是拉玛那·马哈希（Ramana Maharshi, 1879-1950），他会对求问者说："直到现在，你认真的认为你自己是身体，而且有一个形体。这是原初的无知，也是所有麻烦的根源。"

论没有头颅：

禅与重新发现那显而易见的

————　- -

　　基督教（虽然正如汤朴大主教（Archbishop Temple）指出，它是所有伟大宗教中最唯物的）也察觉到真正的光照必须驱走我们身体那黑暗的不透明，正如必须驱走我们灵魂那黑暗的不透明一样。耶稣神秘地说："你的眼睛若瞭亮，全身就光明。"这瞭亮的眼睛肯定等同于印度密契主义那宝贵的第三眼，令观者同时向内看见自己的空无，并向外看见什么充满那空无。同时，作为无价的宝石（根据东方传统），我们四处寻找它，但它却在我们额头上，我们都戴着它。

　　奥古斯丁·贝克（Augustine Baker, 1575–1641）提到基督教的默观者时写道："最后，他来到纯粹和完全的抽象；然后，对他自己来说，他似乎全是灵，他彷佛没有身体……这种抽象越纯粹和越完美，那人越高地升入完美中。"这是对十四世纪一本密契主义著作《不知之云》（The Cloud of Unknowing）一个著名段落的评论。这本书教导说，生动地意识到我们的不存在是纯粹喜乐的先决条件：因为"所有人都有伤心的事：但他最特别地感受到的伤心事是知道和感受到他的存在。"但当然，这不可或缺的自我不存在是所有基督教密契主义都喜爱的主题。没有人比圣伯纳德（St.Bernard）（1091–1153）更大胆地描述其两面性："失去自我，如此被清空，仿佛几乎不再存在，这不是仅仅人类的喜悦；这是天堂的福乐……如果人类的任何东西仍然存在于人内，上帝又如何能'一切中的一切'呢？"

有时，在西方，甚至密契主义者的语言也好像它所描述的东西那样和禅相似。杰拉克·彼得森（Gerlac Peterson, 1378-1411）谈及一种"显示"，是"那么强烈和有力，以致整个内在的人，不单是他的心，而且是他的身体，都奇妙地移动和震动……他的内在面向变得清晰，没有任何乌云。"他属灵的眼睛睁得大大的。正如莎士比亚（Shakespeare）说，他不再是

对自己最确信的事最无知，

也就是他的明净本质，

因此表现得好像愤怒的猴——他看到它最深的深处，看到现实的透明核心。

我们将注意力放在物质世界时，便不能看透它。我们没有理会自己的内在知识，我们将自己小小的人类身体视为不透明的，并与我们的整体身体——宇宙分离，结果宇宙也显得同样不透明和分离；因此这宇宙也似乎同样不透明和分离。不过，我们的一些诗人没有被（所谓）常识欺骗或愚弄，而是吸收一切，陶醉于它们的透

明当中。里尔克（Rainer Maria Rilke）写到他一位已经
去世的朋友：

> 因为这些，这些阴暗的山谷和舞动的草
>
> 以及奔流的溪水，是他的脸孔，

但他没有停在消融人的脸孔和人的身体：他宣告的
使命是继续下去，并"令我们活在其中的地球，因扩展
而包括宇宙，变为看不见，从而将它转化为更高层面的
现实。"对里尔克来说，这永远存在的空无，我们不死
的脸孔，是没有边界的。正如特拉赫恩（Treherne）谈
到自己：

> 感觉本身就是我。
>
> 我在我的灵魂中感受不到浮渣或物质，
>
> 没有边缘，没有边界，就好像在一个碗中
>
> 我们看见。我的本质是容纳。

在另一篇更著名的文章中这样说："你永远不能正
确地享受世界，直到海本身流进你的血管，直到你穿上
诸天，并戴上繁星。"

这就是禅宗的悟（satori）的经验——只是语言有点差别。在悟那一刻产生了爆炸，人没有身体，但却有宇宙。破山禅师说："他感到他的身体和思想，大地和诸天，都融合成一个清澈的整体——纯粹、警觉和完全清醒。"

整个大地都只不过是我的一只眼睛，

只是我的照明灯的一点火花。

无数文本告诉我们开悟的人怎样好像以法术吞噬河流、高山、大海、偌大的世界本身，将它们全部化为空无，消退到什么也没有；然后从这空无中，创造出河流、高山、大海、偌大的世界本身。没有最轻微的不适，他吞了西川的所有水，然后再将水吐出来。他吸收并取消万物，然后产生万物。他视宇宙为只是他自己深刻本性的流出，而他的本性本身仍然是没有玷污、完全透明的。现在他回复到他真正的样子：作为存在的中心，从中一切存有都得以显现。简单来说，他神化了。在独特的源头确立，他呼喊："我是中心，我是宇宙，我是创造者。"（铃木大拙）或者："我是我自己的自我和万物的由来！"（埃克哈特（Erkhart））在禅宗生动的语言中，癞虾蟆成了在沙漠咆哮的金毛狮子，自

发、自由、精力充沛、非常自足和独自一个。终于回家
后，他发现没有空间容纳两个人。我们自己的特拉赫恩
再次呼应东方的大师，他呼喊说："街道是我的，神殿
是我的，人民是我的，他们的衣服和金银都是我的，正
如他们明亮的眼睛、白皙的皮肤和红润的脸孔是我的一
样。诸天是我的，太阳、月亮和星宿也是我的，整个世
界都是我的：我是唯一旁观和享受这一切的人。"

我称为完美的看见，不是看见别人，而是看见自己。

庄子（约公元前三世纪）

看进空无——这是真正的看见，永恒的看见。

神会（八世纪）

知道自己是灵，变成灵，变成一切；
众神或人都不能阻止他…
众神不喜欢得到这知识的人…
众神喜欢含糊，憎恨明显。

《广林奥义书》（约公元前七世纪）

愚蠢的人拒绝他们看到的东西，而不是他们想到的东西；聪明的人拒绝他们想到的东西，而不是他们看到的东西…按着事物的本相观察它们，而且不要留意其他人。

黄蘗（九世纪）

对一无所知的人，它显然被揭示出来。

艾克哈特大师（Meister Eckhart, 1260-1327）

论没有头颅：
禅与重新发现那显而易见的
▬ – –

你认为我依从什么规则？确实是一条古怪的规则，但却是整个世界中最好的。我由对上帝的良善一种隐含的信仰引导；因此被带领去研究最明显和普通的事物。

托马斯·特拉赫恩（Thomas Traherne, 1627–1674）

从自己看到的事情中产生怀疑的人
永远都不会相信，可以做任何你喜欢的事。

威廉·布莱克（William Blake, 1757–1827）

事物最重要的方面，由于它们的简单和熟悉，对我们是隐藏的。

维根斯坦（Ludwig Wittgenstein, 1889–1951）

这就是了。没有任何隐藏的意思。所有神秘的东西都只是这么回事。

维尔纳·艾哈德（Werner Erhard, 1935–）

《被窃的信件》，埃德加·爱伦·坡（Edgar Allan Poe）的故事（1845年）中的："通过过于明显而逃脱了观察。"反派"将信件直接放在全世界的鼻子底下，以最好的方式防止世界的任何部分察觉到它。"

④ ON HAVING NO HEAD
将故事带入当代

无头之道的八个阶段

自从最初的"喜马拉雅山"经验突然出现后，已经过了超过四十年；前面对那次经验的描述的第一次出版，距今也超过二十年了。这些都是满满的年份——有很多惊奇，也有一些震惊——期间那个经验开出一条路径（无头之道是描述它的一个好名称），关于这路径我也学到很多东西——它的弯曲和转折，交通有时畅顺，有时阻塞，还有它普遍的实用性。从头开始（远在"喜马拉雅山"异象之前）描述整件事的地图早应该绘制了。

最后这一章尝试绘制这样的地图。当然，它只是（用《广林奥义书》的话说）"不真实引向真实，由黑暗引向光明，由死亡引向不朽"的原型的道路无数变化

的其中一个。它不时与禅的道路走在一起并合并，在其
他时候，它则自行上路。如果说它看似比古老和遥远东
方的道路更直截了当和容易走，那是因为它带我们走过
当代西方文化那熟悉的地貌，而不是因为它比较短或比
较平顺。它不是那样。当然，我们详细的路线不一定适
合所有西方的旅客。除了前三个阶段（我们都会经历
的），我们的地图——必须是——以作者自己的行程为
模型。它与读者的重合程度由读者自己决定。一定会有
差异，甚至是巨大的差异。但至少我们这幅草图最初的
几个阶段会显示他已经走了多远，较后的阶段会让他大
致知道，如果他发现自己在追寻无头之路，他会遇到什
么——他很可能会遇到的地标和中转站，歧路和陷阱。

所有的道路都可以分为或多或少任意且经常重叠的
阶段。在这里，我们区分出八个阶段：（1）无头的婴
孩，（2）儿童，（3）有头的成年人，（4）无头的观察
者，（5）实践无头性，（6）实行出来，（7）障碍，
（8）突破。

（1）无头的婴孩

身为婴孩时，你好像任何动物一样：你对你自己来

说是没有头、没有脸孔和没有眼睛的，巨大、在逃、与你的世界不能分开——却没有意识到自己蒙福的状况。无意识中，你生活在你所处之地的真实自我中，没有任何阻碍，完全依赖于所给予的东西。呈现在你面前的确实存在——月亮并不比你抓住它的手更大或更远。你的世界确实是你的世界——距离，这个最合理且最贪婪的偷窃者，还没有开始从你那里偷走它。那明显的真是明显的——落在视线以外的喋喋不休不再存在：消失表示消灭。你不主张你拥有你镜中的脸孔。它留在那里：它是那婴孩的，不是你的。

（2）儿童

逐渐地，你学会了那种命运般的、至关重要的艺术——走出去，从几英尺外，通过他人的眼睛回望自己，并从他们的角度"看"自己，像他们一样是一个肩膀上有着正常头颅的人类。正常但又独特。你认同你镜中那张特定的脸孔，用它的名字。但你对你自己来说仍然是在逃、无头、无界限的空间，让你的世界在其中发生。事实上那就好像有时你意识到那个空间。（儿童倾向会问为什么别人有头而他没有，或者宣告说他什么也不是，不存在，不可见。在第三个生日会中，卡洛斯

（Carlos）在被要求指出不同的姨姨和叔叔时，正确地
——指出每一个人。然后有人问他卡洛斯在哪里。他漫
无目的地挥手：卡洛斯不能找出卡洛斯。在稍后的一个
场合，因为顽皮而受责骂时，他没有反对被称为顽皮，
但抗议说自己不是男孩。不久之后，他去到祖母那里，
宣告说他是个男孩！）

　　在这个阶段，你差不多可以得到两个世界中最好的
东西——你来自的那个非人类世界，以及你正在进入的
那个有限的人类世界。简短地说，你实际上有两个身
份，两个版本的你自己。为了私人的目的，你仍然什么
也不是，间隔开，偌大，甚至扩展到繁星（虽然现在距
离很远，你仍然颇能够包括它们：它们仍然是你的繁
星）：但为了社会目的时，你越来越是这一切的相反。
如果我们成年人必须变得像小孩子一样才能进入天堂，
那么我们将像这个快乐年龄段（比如五岁以下）的孩子
一样——那些对自己来说是大人的孩子，他们仍然是巨
大的，比所谓的成年人更加真正地成熟。

（3）有头的成年人

　　不过，人类以非常不同的速度成长。波佩

（Poppy）早在两岁时已经经常沉思镜子中的自己：在两岁零三个月时，当她妈妈（我认为是明智地）提出在镜子比较近这边——就在她那里——可能没有脸孔或者只有空无时，她回答说："不要说这些事情，这让我害怕！"似乎从很早开始，我们从外面对自己习得的看法开始遮盖、叠加，最终抹去我们原本从里面对自己的看法。我们长小而不是长大了。我们不再与繁星——以及繁星以下的一切——同在一起，而是从它们那里缩小和引退。我们不再包含世界，现在是世界包含我们——剩下的我们。因此，从整个场景缩小到这一小部分，你我陷入各种麻烦——如果我们变得贪心、不满、疏离、害怕、挫败、疲倦、僵硬，模仿而不是富创意、没有爱心、纯粹是疯狂，又有什么奇怪呢？或者，更详细地说：

贪心——在我们不惜一切代价要尽可能重获和累积我们失去的帝国时，

不满或具侵略性——在我们寻求对残忍地削弱我们的社会秩序进行报复时，

疏离、孤单、多疑——由于我们病态地想象人们，甚至动物和没有生命的对象都与我们保持距离、冷漠和傲慢：我们拒绝看到这种距离如何折叠成无，以致实际上他们与我们一起在这里，是我们的知音和密友，比亲密更亲密，

害怕——在我们视自己为对象。要任凭所有其他对象处置，并对抗所有其他对象时，

挫败——因为为这个别的某物努力肯定会失败：即使我们最"成功"的事业都很可能以幻灭终结，而且确定的结局是死亡，

疲倦——因为要为这里供生活的想象盒子进行兴建、保养和不断调整耗费很多精力，

僵化、严肃、不自然、虚假——因为我们生活在一个谎言中，而且是一个笨拙的、僵硬的、可预测的、琐碎的、限制性的谎言中，

没有创意——因为我们使自己脱离我们的源头和中心，视自己为只是区域性效应，

没有爱心——因为我们将所有其他人排除在我们想象中占据的空间之外，假装我们不是开放的，不是为了

爱而建造的，

疯狂——因为我们"看见"不在这里的东西，实际上相信（违反一切证据）我们在零公尺时看起来好像是在两公尺时那样——坚硬、不透明、有颜色、有外形的一团团对象。如果我们生命和世界的中心已经疯了，我们的生命和世界怎能保持清醒？

只要我们没有这些多重障碍，我们便仍然停留在第（2）阶段，"心里是儿童"，没有头，透明，轻盈，大致不自觉地与我们是谁这真理有联系。我们也可能已经转移到一个后得多的阶段。无论如何，我们有那么多人还过得去，没有患上慢性疾病的基本原因既简单又令人安心。如果在我们日常生活中，我们颇为经常都是明智、有爱心、慷慨、充满欢笑，甚至是快乐的，那是因为我们——无论到了哪个阶段——都植根于我们共同的源头和中心的完美，并从那里而活，源自同一种无头性，或者原本的脸孔，或者透明，或者意识空无。我们一直都完全由同一的内在之光启蒙，无论我们是否让它照亮。我们的快乐是有深厚的根基，而且是真实的；而我们的悲伤则是根基浅薄的，而且不真实的，产生于幻想和无知。我们受苦，因为我们忽略了一个事实：我们在心里都是对的。

这引发一个问题：第（3）阶段——这段铺上以幻想为基础的苦难的路——是否一个大错误，一段不必要的绕道，是可以也应该避开的？有没有可能——在已开悟的父母和老师帮助下——从第（2）阶段的童年跳到真正成年人或较后阶段的能视性，从而避开我们刚刚列出、最糟的麻烦？换句话说，一个人能否成为这个称为人类社会的会所的正式会员，享受它不可估量的好处和设施，但又不曾赞同它建基于其上的谎言，不曾参与那会所从没有停止的脸部游戏,[2]不曾变成好像他们那样？里尔克写到他童年一件深刻的事件，是没有盼望的。"但后来最坏的事情发生了。他们抓着他的手，将他拉到桌子那里；他们所有人，人数好像当时在场那么多，好奇地在灯前聚集。他们有最好的；他们占了上风；他

[2.]The Face Game（by D.E. Harding, int Transactional Analysis Bulletin, April,1967）视"人们玩的"无数，而且往往是绝望的"游戏"，都是源自这个游戏之母的分支。随意修剪它们可能只会让它们在其他地方更旺盛地生长。要摆脱所有这些游戏并成为无游戏状态，就要切断母干，即假装这里有一个人来玩游戏——一个人（persona，面具），一个在我这里的面孔，面对你的面孔，面对面，伙伴对伙伴，在一个对称的（因此是游戏的）关系中。

们躲在阴影中，而他则在光明中承受着拥有面孔的所有
羞耻。他应该留下来假装过他们所描述的那种生活，并
逐渐变得像他们一样吗……？"[3]

　　我们在问的问题是我们能否拒绝这些想象的顶结
（正确的词），这些可耻和（只要它们"接受"）这些
有害的生长，是社会决意要在这里注入和培育在我们自
己的肩膀上——以及涉及的所有生长？

　　答案是：在实践上是不能的。不能选择离开，也没
有快捷方式。我们需要背起那担子，走路中那段长长的
绕道。确实有少数人不愿这样做，从未从远处以第二或
第三人称的角度看自己。有点像浪子比喻中的大儿子，
他们以第一人称单数，现在时态，全然纯真地留在家
里。这不是值得羡慕的状态。他们不能感知或接纳别人
怎样看他们，被标签为"迟钝"或者更糟，很容易相应
地行动，需要机构照料。事实上，从童年的天堂到蒙福
的天国的路，必然经过那遥远的国度，经过某种地狱，
或者至少是炼狱。真正转离我们的任性，放弃我们个人

---

[3] The Notebooks of Malte Laurids Brigge, John Linton, Hogarth, London, 1959. 文
中强调的文字是原文中没有的。

和分离的自我（因此来到我们旅程的较后阶段），我们
在这个阶段必须是社会的付费会员，这社会致力培养他
们：作为小孩子，我们的自我中心主义还太浅薄、太无
效、太多变和坦率，太少属于我们自己，因此我们无法
放弃。要真正失去我们的头脑，我们首先必须牢牢地拥
有它们。要真正明白我们是谁，明晰和有影响，我们必
须先与我们所不是的认同。要真正珍惜那完全明显的，
我们必须首先习得忽视和否定它这个习惯。在宇宙中，
真正的解放不是在真空中（in vacuo）发生；它是从虚假
中得解放——否则它根本不是解放。因此，我们的烦恼
清单——那不幸的、不完全的悲惨故事——并非全是悲
惨。它是获得自由的前提，而这种自由无法通过其他方
式获得。它在很大程度上并且本质上促成了这种觉
悟——对显而易见事物的重新发现——最终克服了它，
这是对它的整体和细节的治愈。它是那终极狂喜的基
础，（正如我们将会看到）那狂喜可以在我们旅程接近
终结时找到。同时，我们的麻烦肯定提供最强的动机，
令我们坚持下去。谁会想在这痛苦的地区被阻碍得比需
要的时间更长？谁已经在这道路上有这样的进展，会不
想继续——特别是当我们下一个阶段是所有阶段中最容
易和最直截了当的一个时间？

（4）无头的观察者

要进入旅程这第四个阶段——无论多么短暂——只需要将个人注意力的箭转过来。《伽陀奥义书》（Katha Upanishad）这样说："神使感官转向外，人因此望向外面，而不是望向自己里面。但偶然一个大胆的灵魂，渴望不朽，会回头看并找到自己。"事实上，那个"大胆的灵魂"不缺鼓励。他周围有无数提醒和机会，无数方法将注意力之箭逆转——如果他对自己的真实身份足够好奇，并且愿意暂时放下基于传闻、记忆和想象的自我看法，而依赖于当前的证据。

关于进行那转向的众多方法，这里提出其中三种，让留心和诚实的读者立即尝试：

（i）你现在看到的是这段文字；你现在看出去的是这段文字的空白空间。用你的头来交换它，你不会在它的路上放置任何东西：你为了它而消失。

（ii）你现在看出去的不是两个叫做眼睛的小而紧闭的"窗户"，而是一个巨大且完全敞开的"窗户"，没有任何边缘；事实上，你就是这个无框、无玻璃的"窗户"。

（iii）为了完全确定这一点，你只需指向这个"窗户"，并注意那个手指指向的是什么——如果有的话。请现在就这样做……

无疑与个人的第一印象相反，有意识的无头性或透明——这样看进个人所在之处什么也没有——原来有几个独特的德行。完全没有经验好像它。这里只提出它的五个特点——不是让读者相信，而是让他们验证：

首先，虽然历世以来，去看证明是世上最困难的事情，但那笑话是它实际上是最容易的事情。这虔诚的信心把戏哄骗了无数真诚的求知者。他们令自己疲于寻求的宝物中的宝物实际上是最容易接触到的，是最显露和十分明显的，总是点亮和展现。在巴利文佛经中，佛陀将涅槃描述为"在今生可见、诱人、吸引和容易接近的，"这明显是真实和完全合理的。云门大师说禅的道路的第一步是看进我们空无的本质：除去我们的恶业是在看见之后——而不是之前来到。拉玛那·马哈希也强调，看见我们实际上是什么和是谁，比看见"我们掌心中的醋栗"容易——这位印度智者经常确定禅宗的教导。所有这些意味着这种本质的内视没有任何前提条件。对自己来说，自然永远清晰地展现出来，令人惊讶的是，人们怎么可能假装不是这样。它现在就可获得，就像人本身一样，不需要观察者是圣洁的、博学的、聪明的或特别的。恰恰相反！这是多么极好的优势和机会啊！

第二，单单这个才是真正的看见。不可能做错，而且算是万无一失的。现在看看是否可能大致没有头，部分或依稀地感知你所在的空无。与看客体（例如这有黑色记号的一页，以及拿着它的手和它们的背景）相比，看见主体是完美和全有或全无的经验只是瞥见：那场景的很大部分都错失了，没有被记住。外面的景观永远都不清晰，那景观永远都不是模糊的——正如庄子和神会在这一章开头的引文中暗示那样。

第三，看见去得很深。与里面的景色，明白地永远继续下去的无头性相比，外面最清楚和遥远的景色原来是肤浅的——通向死胡同的景色。我们可以描述它为深入到我们有意识的本质的最深处，甚至超越意识本身，超越存在的深渊，但这实在是太复杂和冗长了。当我们敢于简单地指向我们被认为占据的位置时，透明的视野就会打开——或者说，向内打开！自我验证和自足，抗拒描述，因为它没有提供什么供人描述，能够看见的是观察者和他的看见，这令他对自己来自哪里没有任何怀疑。这是一个独特的、直接的、亲密的和无可置疑的体验。它的说服力是无与伦比的。正如苏菲派的阿尔·阿拉维所说："当一个人看到真理时，就不再需要相信了。"

第四，这经验独特地可以传达，因为对所有人来说它都完全一样——对佛陀，对耶稣，对神会，对阿拉维，对你和我。这是很自然的，因为它里面没有任何东西可以有区别，没有任何东西会出错，没有任何东西是异质的或只是个人和私人的。在无头性中，我们终于找到共通点。这与所有其他经验多么不同！那些经验都难以分享。无论你向你的同伴多么生动地描述并尝试示范你的知觉、思想和感觉，你永远都不能保证他享受相同的事物。（你和他同意称那朵花为红色、美丽、有趣等等；但那描述的内在经验绝对是私人的，不可能传给别人。例如：你对红色的实际经验，可能是他对粉红色，或者甚至蓝色的经验。）但将注意力的箭逆转，我们便立即进入确定的领域。在这里，而且唯独在这里，在被视为是我们没有脸孔的脸孔和真正本性的层面，有完美的沟通，永恒的同意，不可能有误解。这相符不能被高估，因为它是关于我们和所有存有真正是谁最深刻的合一。根据这基本的同意，我们对我们似乎是谁，对外表，可以有任何程度的不同。

因此，原则上，这基本经验可以传送给任何想得到它的人，没有最轻微的损失或扭曲。不过，在实践上，需要有恰当的传送方式。幸好我们手头有这些方式，效率接近百分之一百，而且可以在几秒内完成。它们包括指向某物的手指和单一的眼睛，我们在这里已经用了。作者和他的朋友在过去二十年也设计了数十种其他方式——有些倚靠视觉以外的感官，很多都涉及整个身体，而几乎所都适合在各种大小的组别使用。这样将通往我们真本性的大门倍增——不同气质、处境、文化和时代有不同的大门——很有意义，但始终是偶然的。可以选择通往我们的家的大门是方便的，但———旦到了室内——谁在乎他经哪个大门进来？任何入口——到那个我们实际上永远不能离开的地方——都是好的入口。它们没有任何限制。

第五，最后，这看进个人的空无总是随时可用，无论个人情绪怎样，无论个人在做什么，无论个人在那一刻是多么激动或平静——事实上，是每当个人需要时。与思想和情感（即使是最"纯净"或最"灵性"的）不同，它是即时可得的，只需向内看，发现这里没有头。

我们检视了这简单的去看五个不可估量的德行，发现它容易得荒谬，颇为万无一失，比深刻还要深刻，独特地可以分享，而且总是随手可得。但这精美的钱币还有另外一面，如果你喜欢的话，那是一整套缺点或障碍，是过去二十年的经验显示出来的。

部分这些明显的缺点正好来自这去看的优点。例如：正因为它是明显和容易，只要要求便可以得到，自然又普通，它也可悲地容易被低估，甚至被不假思索地放弃，视之为相当琐碎。但事实上，它巨大的深度和灵性力量几乎总是被忽视，至少在开始时是这样。人们论证说，这样廉价的觉悟（实际上是未受处分）怎会有多少价值？来得容易，去得也快。我们投入了什么灵性工作，可以藉以赚到任何有价值的礼物？此外，这种最廉价的领悟并没有任何神秘的凭证，没有任何宇宙意识的爆发，没有任何狂喜。恰恰相反，它是一个前所未有的低谷，而不是高峰，是一个山谷，而不是那些著名的巅峰体验之一。它有什么"喜马拉雅"之处呢？事实上，这本书的开头设定在那些山脉中，带有所有崇高的精神联想，这确实是误导性的，从而掩盖了在那里发生的事情的本质上的卑微和平凡。看到自己的真面目，在其所有的朴素平凡中，至少在交通堵塞或公共厕所里同样容易，而且更不容易与任何形式的成就混淆。无论如何，真实的经验——与它的环境相反，无论是宏伟或阴郁——不能得到珍藏，不时拿出来进行爱心检视，完全不能让人记得。它是现在，或者永不。它只能够在永恒地带找到。⁴你是谁既没有也不需要在任何时间等于任何东西。

⁴要检查这个区域的位置，请读取手腕上手表显示的时间，并在慢慢将手表移到眼前时继续读取时间——直到它不再显示时间的地方，直到没有任何事物经历变化并记录时间的地方，直到没有人出生、死亡、醒来或入睡的地方，直到"真正的看见，永恒的看见"的地方。简而言之，直到你成为你自己，并永远在家的地方。（这可能是令人振奋的阅读，但仅仅是一些想法——除非我们的小实验实际上是在一种高度重视显而易见的精神中进行的，尤其是当它显而易见得荒谬时！）

论没有头颅：
禅与重新发现那显而易见的
━━ ━ ━

　　难怪，看到它（这并不等同于有意识地成为它）是
如此赤裸、严峻甚至阴沉的体验。它呈现为"非宗教
的"和"缺乏情感的"，"冷冰冰的科学证据或事
实"，"平淡无奇和不光彩"，这正是其真实性的证
据。"这里没有任何鲜艳的颜色；一切都是灰色的，非
常低调和不吸引人。"这些都是初次看到虚无时容易引
发的冷淡评论，而且是有充分理由的。（我们的引文实
际上来自著名的禅宗专家铃木大拙，他是在描述开悟，
也就是看见我们真正脸孔或空无的本性。）至于我们赚
得这看见，或者不知怎地实现它所揭示的，这想法是胡
说八道；因为它是看进我们和所有存有永恒地是什么，
看进我们都从那里活着的永恒地带，无论有没有好处。
并在所有密契的恩典以外——或者是它们的缺少。

　　事实是这些"缺点"或"障碍"——特别是这去看
表面上的肤浅——并非真的是缺点，只是开始时的误
解，很容易便可以消除。真正的"障碍"颇为不同，而
且似乎非常严重。那就是大部分获展示这个的人，受到
简短的诱导去看里面，以我们显示的方式感知他们的无
头性（而他们的数目现在已经达到五位数），他们乐意
让那经验停留在那里。对他们来说（如果是有趣的

话），那是比有趣的冒险好一点，看事物的一种不寻常
方式；或者只是好有趣，一种愉快的儿童游戏，而且无
论如何，在日常生活中也毫不重要。它不是供人延长、
重复或学习，肯定也不是供练习。因此它几乎没有任可
影响。

　　为什么这种几乎是普遍地拒绝认真看待那些熟练的
人向我们保证的，是最好的消息，有巨大的实践含义？
就那些愉快地没有好奇心并感到自我满意的人，坚持自
己未经审视的信念和目的的人来说，答案是明显的。有
什么机会可以扰乱这一切？（我们有什么需要或权利去
尝试这样的事情呢？毕竟，在每个人内心深处都隐藏着
一个知道在此时此刻什么可以被有益地吸收，什么不可
以的人，而这个人已经并永远是所有人所生活的启示，
那内在的光明。）就真诚的寻求者来说，答案只是稍为
没有那么明显：我们当中有谁想成为发现者，只要我们
的搜寻是那么有意义——那么高贵！——构建我们的时
间，并驱走沉闷，只要那空无——有些人说它在我们追
寻的终结——在这安全的距离读起来像显露的威胁多于
隐藏的承诺？不，我们绝对有理由继续作谦虚的寻求
者！我们并非开悟！事实是在我们所有人里面都潜伏着

一个存在的恐怖，对似乎等如突然死亡和毁灭的强大和
完全自然的抵抗。所有那旷日持久而且往往痛苦的努
力，由每种社会压力促成，掩盖里面那空无，并在这里
在它上面建立某人，属于个人的脸孔（而不是其他
人），个人自己独特的个性，一个匹配我们周围的人的
稳定性格——而现在（愿神帮助我们！）它被揭露为不
单是一个倒塌的纸牌城堡，而且是（就它能够站立的程
度来说）我们的麻烦的成因！这实在是坏消息，特别是
我们当中那些似乎透过这"造魂之谷"而进展得颇令人
满意的人。整个个人成长工业的基础被去看这简单的行
动炸毁。难怪有些人在被邀请内省时会明显感到不
安——尴尬、侮辱、恐惧、恶心、愤怒，甚至偶尔会表
现出暴力行为，并立即避开这种恐惧。这不仅仅是成人
和社会诱导的恐惧：看看波普的情况，她在两岁零三个
月时已经害怕她的空性。[5] 真正的奇迹是，尽管有所有内
在的抵抗和外在的阻碍，我们中的任何人都应该欢迎并
坚持到底完成这项拆除工作。一直以来，只有少数人有
这种冲动，而且他们的数量似乎没有迅速增长的迹象。
他们是那些与自己无脸的童年保持联系、从未真正长大

---

[5] 参考（3）TheHeadedGrown-up

的人吗？还是那些被生活伤害得如此严重，以至于一种死亡似乎是一种解脱的人呢？或者是怀疑的人，对他们来说，我们的语言和信念——特别是宗教那种——是可疑和没有根据的防卫系统，对抗那不能被怀疑的，也就是我们的真本性；或者是好奇的人，那么对自我发现着迷，以致为此付任何代价都不会太高；或者只是不配接受神圣恩典的人？或者是这些类型的某种组合？在看自己的情况时，读者有颇多选择可以从中挑选。

无论如何（无论解释是什么），发生的是，虽然这简单的去看潜在地是我们宣称它所是的（而且还有多很多），它实际上——对几乎每一个人来说——都只是构成一个人的生命那无数经验中的一个短暂的经验。你甚至不能称它为那道路上的第一步；或者如果你可以的话，它也是那种不算数的第一步。不过，有些人确实继续前进。他们来到我们的第五个阶段。

（5）实践无头性

现在开始的"困难"部分是重复这种无头的看见虚无，直到这种看见变得非常自然，毫不特别；直到无论一个人在做什么，都清楚地知道没有人在做这件事。换句话说，直到一个人的整个生活围绕着这支双刃箭的注意力结构，同时指向内在的空无和外在填充它的事物。这就是这种方式的基本冥想。实际上，这是适用于市场、每种情况和情绪的冥想，但它可以通过定期的更正式的冥想来补充——例如，每天在一个安静的地方独自或与朋友一起享受完全相同的看见。

事实上，这是一种不会将我们的一天分成两个不兼容部分的冥想———一个是撤退和安静回忆的时间，另一个是忘我沉浸在世界喧嚣中的时间。相反，整天都会有相同的感觉，一种始终如一的稳定品质。无论我们要做什么，接受什么，或忍受什么，都可以转变为对我们实时有利：它正好提供机会让我们注意涉及什么人（具体地说，绝对涉及又绝对不涉及。）简单来说，在所有形式的冥想中，这是其中一种最不是人为和突兀的，也（经过一段时间变得成熟后）是最自然和可行的。而且也是有趣的；彷佛个人原来没有特征的脸孔现在带着微笑，好像正在消失的柴郡猫！

起初，这种基本练习需要大量的注意力。通常，人们需要花费数年甚至数十年的时间才能达到稳定和自发的内视。然而，这种方法非常简单，并且始终如一。它包括停止忽视观察者——或者更确切地说，观察者的缺席。有些人发现这种练习非常困难，需要很长时间。另一些人——尤其是那些花费较少时间和精力在他们的宇宙中心构建虚构人物的年轻观察者——则更容易接受这种练习。这是可以预期的：因为他们仍然接近第（1）阶段，那时，身为婴儿，我们对自己来说仍然不是客体或对象。好像动物，我们那时从我们中心的空无，没有意识地活着，没有困难。现在我们的意图是回去，有意识地从那里而活。

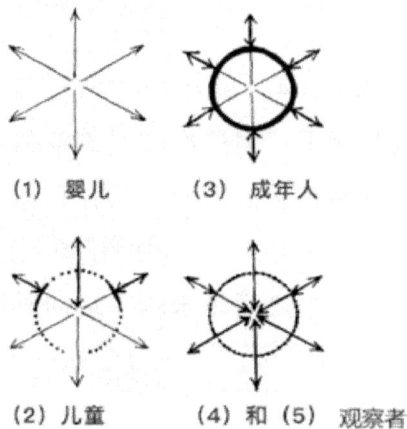

(1) 婴儿　　(3) 成年人

(2) 儿童　　(4) 和 (5) 观察者

　　这个意图是鼓舞人心的。它无异于与强大的进化暗流一起游泳——意识本身通过史前和历史的进化，现在在个人的历史中重演。⁶作为第一阶段的动物和婴儿，你是无自觉的：你所有的注意力箭头都指向外部：你忽视了自己的存在。作为第二阶段的孩子，你可能时不时地真正自觉；在那些时候，一支注意力箭头也指向内心，并且命中了目标：你看到了自己的缺席——可以说是偶然的。但越来越多的内向箭头远未达到那个目标：它们没有穿透到任何人的中心缺席，而是卡在了一个非常人性化的某人的外围存在中。身为第（3）阶段的成年人，你注意力之箭在那非实质的某人，在你那人类外表，每天对你来说变得越来越有实质，很快便成了你的身份证，你的身份本身。（伪造的证，错误的身份！）

现在身为第（4）和第（5）阶段的观察者，你再次真正地有自我意识：但这次你更刻意和一致地穿过那表面的场所，开始在它们表面上的什么休息，在你的真实中，也就是你的真正身份，你的在场-缺席，你的核心和源头。你的注意力之箭越来越多地同时以里面和外面为

---

⁶·严格来说，当然不是意识本身——即有觉知的空性——在进化，而是占据它的东西在进化。你所是的那种永恒和绝对的意识（有些人称之为觉知）不应与其时间性和相对性的方面混淆，因为它不断地承担和放弃无尽的功能、形式和领悟。

目标，击中那目标。你变得熟习双向观看——同时向里面看空无，并向外面看万有。你变成我们这物种的其中一个变体——在过去几千年中偶然出现的观察者——可望引进下一次演化的大跃进：实际上指出让物种最有机会存活的路。同时，你继续我们在世上的生活，就像它现在这样。

这时，我们要提出两个重要的实际问题：

（i）第一个问题是：我们的冥想有多稳定和持续？是否有可能——经过足够的练习——始终保持生动的自我觉知，并且永远不忽视此刻的缺席？在被问及这事时，拉玛那·马哈希（Ramana Maharshi）给予一个很重要的答案。他解释说，有时智者的自我意识在前列，好像音乐中的高音旋律。在其他时候，它则留在背景，好像低音伴奏，是你几乎留意不到的，或许直到它停止时：你一直都听到它，但却是以压抑的方式。令人振奋的事实是，当真正的自我意识被充分重视和建立时，可以相信它会在某种程度上持续下去，而无需刻意保持。它有点像恋爱。即使几个小时内你从未想起那个人的脸或名字，你对那个人的爱也不会减少：重要的是那份始终存在、不间断的承诺。自我实现也是如此。一旦它抓住了你，它就不会放手。你的真实本性有其自身变得越来越明显的方式：它会不知不觉地接管。任何试图强加于它的人工目标导向的纪律只会阻碍其成熟，甚至可能成为一种偶像崇拜——为了无头而追求无头，试图将这种无变成一种备受追捧的某物。

（ii）第二个问题是：我们可以在多大程度上倚靠我们的冥想去清除我们的困难？它作为心理治疗有多有效？

无头之道——与那些将东方灵性与西方心理治疗相结合的方法不同——并不关注刻意观察心灵的过程，或进行心理探究，或通过冥想将压抑的心理材料浮现出来：也不关注让心灵平静下来。相反，它遵循拉玛那·马哈希的教导："存在于自我中才是关键。不要在意心灵。"张澄基（在宝贵的《禅道修习》中）指出，禅对思想的很多方面和层面都没有兴趣，但却关心穿越到它的核心："因为它主张，一旦掌握了这核心，其他一切都会变得相对不重要，而且再清楚不过。"我们自己的立场是这样：当然，重要的是，我们的心理问题——事实上是刚好产生的任何思想和感觉——其本相是我们应该清楚看到的，但总同时要看到它们来自什么；以及谁应该会有它们。问题不在于现代心理治疗的临床价值，不过，我们对心理问题（正如对其他一切）的激进回答是双向的注意——同时向里面看这绝对无瑕疵、无污染和没有问题的空无，以及向外面看它呈现的任何模糊的问题。它们的终极解决方案在于牢牢地将它们置于模糊事物所属的中心以外，而不是试图清除那模糊本身。用无与伦比的东方意象来说，最纯洁和精美的花朵——开悟的莲花——在最泥泞和最不健康的低地沼泽盛开，在激情的泥潭中，在肮脏和愚蠢的思想这东西中，在我们所有邪恶和痛苦中，这是非常令人放心的事实。清理那泥潭（这是怎样的盼望！）或者试图将莲花移植到他世和异地的灵性这无菌的高山白雪当中，它便会枯萎。禅甚至会说，激情本身就是开悟，泥潭本身就是莲花。

　　正如总是那样，我们的方法包括在急于诠释和纠正那明显的前，先顺从那明显的，顺从那公开的——这顺从引致那不断更新的发现，那给定毕竟不是那么迫切需要我们焦虑的操控。事实上，面对"内在"和"外在"证据（也就是我们完美的中心现实，与它太不完美的心理-生理显明，它的地区性呈现，它整个设定绝对不同，但又绝对同一）的，是我们的医治所需要的。这双向的注意力，清除了单向的意图，足以解放我们，以脱离所有困难。它揭示释放我们自由的真理——在家里自由，在那里没有任何东西接受痕迹或印记，束缚我们或出错，在那里，向外看似乎总是出错的事物的领域，也没有问题了。是的：完全没问题，无论当家和它的安全被忽视时，那场景看起来多么威胁，我们愚蠢地想象自己是独立的人或自我，身处其中，面临可怕的风险。在那里，我们的自我中心错觉给我们带来了无尽的麻烦；在这里，我们对零中心的认识不仅驱散了这些麻烦——包括头部在内——而且完全改变了它们。从它的源头来看，周围的模糊开始有一种美，是超越美和丑，最终我们的思想、感觉和行动同时对那终极的美有贡献。

因此，我们这种双向的冥想是真正激进的心理治疗——是那么深刻的心理治疗，以致明显和特定的结果可能会很慢才浮现。不过，在经过足够坚持后，它肯定会在"外在"场景，在我们日常生活中充满困难的领域产生——更多是红利而不是预期中的报酬——颇为特定的改进。通常，这些将包括感官的活跃（揭开遮蔽声音响亮、颜色光辉、模糊形状和过滤出"最丑陋"地方的美丽的屏幕）以及（伴随着感官觉醒）一系列相互关联

的身心变化——包括持续的"全身"警觉状态，取代
"头脑"间歇性的警觉状态（仿佛一个人全身心准备好
迎接人生的竞赛），压力的减轻，特别是在眼睛、嘴巴
和颈部区域（仿佛一个人终于放松了它们），重心的逐
渐降低（仿佛失去头部是找到心脏、内脏和脚，它们现
在扎根于地球），呼吸的显著下移（仿佛它是腹部的功
能），以及总体上的下降（仿佛所有在高处徒劳追求的
美好事物都在低处等待着一个人）。平衡这种下降的是
总体上的提升，包括一种高昂的感觉（仿佛一个人背部
挺直，像天空一样高），创造力的激增，能量和信心的
上升，一种新的、孩子般的自发性和玩乐性，最重要的
是一种轻盈感（仿佛一个人不是随风而逝，而是风本
身）。最后或许有恐惧的平伏，贪婪和愤怒明显减少，
个人关系理顺了，更有能力实行无私的爱，更有喜乐。
或许吧！不过，通常——特别是在自我实现开始的快感
和新奇消退后，对个人的真本性的享受被对预期个人人
类本性的好处淡化后——个人会经历那些好处为温和、
拼凑和多变。去看的外在成果不如个人自然地希望那样
丰富，而且很慢才成熟，甚至即使在那时也很可能是在
别人眼中比在自己眼中更明显。个人往往感觉不到有任
何改进。可能会越来越感到失望，感到更需要某些东

西，除了赤裸裸的看见以外。这带我们去到旅程的下一个阶段。

（6）实行出来

我们需要继续发掘无头性的更多意义，它对生活的价值，它对我们的思想，我们的行为和关系，以及我们在社会中的角色的重大含义。这个阶段比其他阶段更不清晰，肯定会在很大程度上与那些阶段重叠，而且实际上从来都不会完结。并没有标准模式。

很大程度上视乎个人的天赋和气质，以及他们在多大程度上能够与别人连结——并从别人那里取得支持。有朋友相伴，肯定比独自一人更愉快也更容易在这条道路上取得进展，以及有属于这个阶段的发现。同样，孤独或任何其他困难都不会阻止任何人前进，而一切——只是对的书、老师、环境——都会赶快给他们协助，只要他们决意继续下去。[7]

不单是群体提供的纪律和支持，也包括群体某个成员（并非总是刻意）提供的信实，而且往往是令人谦卑

---

[7] 本书的附录提供了关于观察者如何与其他观察者联系的实用建议。

的灵性指引，对我们大部分人来说都是不可或缺的。无论怎样，作者都可以见证——每当他缺乏（或者故意假设自己缺乏）与禅师、古鲁、听忏悔的人或灵性导师等同的人时——他对前路的异象会变得不必要地短视，而他的路径也会变得弯曲。

新手观察者抱怨说："唉！我没有'无头'或'看见'的朋友。"事实上，他有很多这样的朋友：只是他不认识他们。只要有足够耐性，他迟早可以找到他认识的：因为（正如我们已经看到）这是最容易和别人分享的经验，而沟通的完美工具是——真正的——在手头。别人负面地响应时，他不应该灰心——因为要抛出这洞见，他们必须先接受它，并在它获准留下来时走近一步。当他们反击时，他也不要若有所失（例如提出向他们展示的太完全是视觉性：如果它不是由其他感官支持，怎能是有效的——更不要说是重要的——而且也不可能向盲人示范？）。由于我们已经探讨过的原因，无头性这个提议本身对很多人来说是非常冒犯的，他们提出的反对会没完没了。但不要紧：无头性总是供生活使用，偶然供分享，从来都不是供争论的。

就对关于盲人的特定反对可以有的"回答"来说，

它可以取小型实验的形式。"变盲"，"看看"你是否没有头。请您，读者，做一下这个小实验：闭上眼睛，十秒钟内检查一下，您是否有任何证据表明有一个头部占据了您世界的中心，是否有任何东西在这里有可辨认的边界、形状、大小、颜色或不透明度——更不用说眼睛、鼻子、耳朵或嘴巴了。（疼痛、瘙痒和味觉等根本不能构成一个头部，完全不是那样的。）或者，就此而言，您现在有任何证据表明有一个身体吗？为了确认，当您闭上眼睛，抛开记忆和想象，只根据此刻所感知到的，您能数出多少个脚趾头？

事实上，作者的失明朋友向他保证，无论他们经验到什么——包括各种"身体的"感觉——他们都完全清晰地感知到自己没有头或身体，以及他们的真本性存在为空无、空间或容量。在这旅程中的旅程，视力正常的人并不比失明人士有任何优势。真正的看见，永恒的看见，是每一个人都拥有的。

对我们所有人来说，我们双向的冥想绝对是相同的，无论我们刚好在运用什么感官。那设置总是双边但又绝对不对称的。那鸟鸣在这里落入沉寂；草莓的味道在无味这稳定的背景中让人感觉得到；相对于这持续的没有气味，这新鲜，那可怕的气味产生；诸如此类。同样地，我们的思想和感觉只在这个禅宗称为无心的空白屏幕上出现，在消失时也没有在上面留下任何痕迹。正如当我"面对"你时，是你在那里的脸孔向我在这里的脸孔的缺席呈现——脸孔对无脸孔——因此，无论我接受什么，我都要脱离它：要充满水，杯子需要先把水倒空。那分别是完全的。这并不意味着，在我们进行这种双向的"市场冥想"时，我们会想到所有这些：我们只是继续不失去与我们"缺席"的联系的工作。

这一切都显示通往家的道路相当多和多样，以及盲人好像聋人一样也能够好好地走这道路。不过，视力良好的人有一些旅行的辅助，是其余的人所没有的。（这毫不令人惊讶；开悟的人被称为观察者而不是聆听者或嗅觉者或触摸者——肯定也不是思想者——并不是没有原因的。在这里，视力自然地是感官之王：同时指向里面和外面时，它是那明显的模糊的大揭露者的大敌。）在以下从等候我们的多种发现中挑选出来的例子（如果它们显得更重物质——有时更有趣——而不是灵性的，这对它们更有利！），会很容易将那些倚靠外在视力而较不重要的，从那些不倚靠视力而更重要的区分出来。

论没有头颅：
禅与重新发现那显而易见的
━━ ﹣﹣

（i）表面上我是在空间中移动的一件对象。事实上，我是那不移动的空间本身。走过那个房间，我向下看，我的头（无头）是无限和空无的静止，在其中手臂和腿都在挥舞。驾车时，我向外面看，我人的身体（无身体）同样是这静止，在其中整个郊外好像巨人的一副纸牌那样被洗牌。在晚上外出时，我向上面看，我地上的身体（没有地上的身体）在同样的静止，在其中那些天上的身体在摇动和舞动。（不：我在这里找不到头向两边转，向上或向下！）最后而且最重要的是，我"变盲"（他们说闭上眼），而我的宇宙身体（没有宇宙身体）是同样无限和空的静止，现在显现为不动的无心，它的思想内容拒绝有一刻静止。除了再次确认个人的真正身份外，我们顺从那明显的这方面——关于我们的双向观看，我们对所有季节的冥想——刚好将匆忙从"现代生活的匆忙"中拿走：或者是，从以为自己在匆忙的人那里拿走。他从没有移动过一寸。他的一切激动都只是虚幻。他不需要也不能够做什么去安静下来——除了停止忽略他所在的地方永远都是静止，超越一切理解的和平是那么明白地不证自明。他所渴望的宁静，他以为总是躲避他的宁静，在他的内心深处被发现，迫切地希望被注意到！

（ii）对在那里的人（从远处看我）来说，我是一个移动和有限的人类对象，在这里的我（从无距离看自己）实际上是这个不动和无限的非人非物。我感知这非物或空间塞满各种对象——移动的、有颜色的、有形状的、嘈吵的、愉快的和不愉快的、感官的和非感官的，诸如此类。而且，矛盾的是，正因为这个空间与其内容完全不同且完全不受其污染，它才完全与它们认同。我不相信这一点，我看到了。空间就是占据它的事物。这种静止-寂静就是它所背景的运动和声音。作为某物，我只是那个东西；作为无物，我是万物。

（iii）而它们都在这里给出。因此天空、太阳、云、树木、草、窗户、地毡、填满字的纸页、拿着它的双手——全都在场，明显在我所在和我的照相机所在来说是在场，不是在我们所不在的地方。我们之间没有距离。（如前所述，如果我靠近它们，我会逐渐失去它们；此外，在我们之间拉伸的一条线，将这个点与"最远"的物体连接起来，我必须将其视为一个无维度的点。）由此可见，整个世界都是我的，我富有得无与伦比。而且，这种所有权才是真正的所有权。因为作为这个微小而坚固（且完全虚构）的东西，我将所有其他事物排除在我占据的空间之外，因此我是最贫穷的；而作为这个巨大而空旷（且真实）的无物或空间，我让它们进来，我接收了宇宙，我拥有并掌握了一切。难怪这一切如此引人注目，如此直接，如此——明亮！

（iv）那我怎么会继续看到一切——始于这双手并终于那蓝天——是在那里而不是这里？或者奇怪地，同时两者都是？在一个层面，答案是这三维世界是解释数据一种这样方便的方法，是我双眼本身——其生理在那么大程度上面向寻找深度——见证其生存价值的模式。在更深刻的层面，答案是，事实上，不是我的世界，而是世界的观察者才是三维的。在我里面这里——在这指向里面的手指，这一页，每件对象这边——伸展出这未经探测的鸿沟。（我因此而感到幸福——虽然这有些矛盾——星光点点的天空，虽然不再与我相隔一个埃（angstrom），却比以往任何时候都更加遥远，更加令人敬畏地神圣——赋予它无限的距离，从我的无限资源中，我赋予它无限的魅力。）无论怎样，我婴儿期的平地需要离开。在整个童年和成年早期，我的方法是将世界推开，给它本身的距离。结果是：我当然失去了它。有趣的是，我对它的投射等于我拒绝它，并且被它拒绝，而我变得越来越贫乏、孤单、隔断、疏离。那方法开始的生存价值很快逆转，变成（可以这么说）毁灭价值。但现在，最终，身为较后阶段的观察者，我没有将它推开，而是再让它进来，而由于我是日深不可测的，世界也是深不可测的。我注意力的双刺箭同时向前指向事物的"外在"世界，而它实际上在这里开始，也停在这里；那箭也指回去"内在"的空无世界，它实际上永远延续下去。而它们是一个世界。一切都在我里面，一切都是我的，一切都是我，而我再次安好。

（v）我真正拥有的对我来说行得通，而不是反对我。如果宇宙是我的，它应该好像我希望那样表现。唔，事实是好像镜子，是我的这容量或空无没有方法拒绝它的任何内容，没有偏好，没有喜爱的。它必须降服于发生的任何事。它是没有选择，但（正如会在我们继续下去时会变得越来越清楚）要为出现的一切负责。它不意愿什么，但也意愿一切。

（vi）甚至我自己的行动也变得可以接受。我最愚蠢的错误不知怎地也变得完全不是错误。而且无论如何，无论我正在做什么——由洗碗碟到驾驶我的汽车到思想这一个段落——我发觉如果我想象这里一个有头的某人在做时，会做得比较差；而如果我看着他离开，会做得比较好。有意识地从我是什么都不是的真相中生活，比从我不是某物的谎言中生活要好得多——这并不令人惊讶。

（vii）这一切都是关于急事急办，关乎从不与这失去接触。身为一个人时，我的目标是直接在外面，投入生命，真正与它一起，但我实际上是远离生命，对抗它，最终是它的受害人。而当我的目标是间接时——透过这里感知到那个寻求投入的人的缺席——那么为什么我不是在外面的世界，而不单是与它一起：我在玩味作为它的经验。我自由自在，宣示着世界，受到所有存在的启迪（正如禅师道元如此愉快地表达的那样）。被它们看似的样子启迪，也被它们的本质启迪。

（viii）我渐渐明白，我在这里看进缺席，并不是看进我的缺席，而是每一个人的缺席。我看见这里的空白是足够的空和足够的大，给所有人的，它就是那大写的空白。本质上，我们都是同一个和一样的，而且没有其他人。因此，我向任何人所做的事，是向自己做；而发生在他们身上的事，发生在我身上。这是我必须十分认真看待的事实。你可以称它为无条件的爱，或怜悯，或真正慷慨的心——没有它，以及自发地从此而活，我的去看实际上是暂时的。

（ix）看进无物性是有意识地连接到所有物性的源头，源头的源头性和创造者的创造力，所有真正自发感觉和行动的源泉，以及新的，因而是不可预知的。一如既往，这不是要让人相信，而是要给人测试的。观看，看你在做什么！

（x）这看见是回到唯一安全的港口，回到我们亲爱的故土（深刻地熟悉，但又不能穷尽地神秘），回到可靠的东西。这再次是供检查的，整天和每一天。

这十项，以及无数其他觉悟，在等待旅程这个阶段的旅客。它们引向——它们证明——他们原来的无头性的深化和成熟。或者（表达得好一点）它们是实行出那异象中一直都隐含的东西的一部分。

在它们中突出的是一个领悟——一个多面的灵性发展，是适合我们第（6）阶段，但肯定不限于它的——它坚持在这里特别留意。那是不知的经验，个人深刻和无所不包无知的经验。事实上，由于"我不是什么"，所以"我什么都不知道"，因为明显地，知情的不是什么，并非不是什么，而是某些什么，是形式而不是空白。

这不知落入两个颇为清楚的部分：

（1）第一步是放弃我们认为事物当然是且必须是它们本来的样子的假设。这是放弃我们成人、老练、见多识广的自信（正如我们所说的那样），认为我们无所不知，认为我们以前见过这一切，认为太阳底下没有新鲜事，认为我们已经掌握了一切，认为"哇！"是幼稚的，而打哈欠的"那又怎样？"是成熟的。（突然抬起你的小指，眨一下眼睛，注意你对这些印刷形状和那些声音的接纳——它们的生动性归功于你给予它们的空间的深度和清晰度——并承认你不知道你是如何完成这些和其他无数奇迹的。）那是一种全面的遗忘，清洗我们肮脏的宇宙，洗去累积的多层名字、记忆、关联，将它们变成不熟悉、新鲜和甜味。那是停止视一切和任何东西为理所当然。那是在我们令它符合我们的目的前，重新发现那明显的是非常陌生，那给定是奇妙和宝贵的。这意味着不再把一切视为理所当然。这是重新发现显而易见的事物是多么奇怪，所给予的事物是多么美妙和珍贵，然后再将其用于我们的目的。这是承认一直存在的荣耀。这实际上是看着"最卑微"的石头和落叶，"最恶心"的垃圾，"无关紧要"的事物，比如夜晚湿漉漉的道路上阴影的形状和颜色以及城市彩灯的倒影（我们不再看到这些，因为我们不绕着它们开车）。这意味着有意识地成为我们真正的样子——事物的容器——每个事物在其中都能达到其独特的完美。这是有意识地从其源头看待一切，将其与这一侧的无限重新连接。那是好像第一次聆听、观看、嗅、触摸物件那样，放开过去的沉重的负担。那是我们童年惊讶的复兴和扩展。那是在创造的早上，在亚当为受造物命名，对他们感到厌烦之前在场。那是以他们的创造主的眼睛看他们为甚好的。再一次，用禅宗的用语，那是"由所有存在开悟"，因为这里没有任何东西遮蔽他们的光。

　　这不知没有限制。它扩展到超越我们所感知的，去到我们感觉、思想和做的一切。那是停止知道怎样应付生命，我们去哪里，完成了这个实时的任务后要去哪里，明天、下星期、明年会有什么事发生在我们身上。那是一次走一步并蒙上眼，肯定这里有那空间——它什么也不是，什么也不知道，除了它本身——始终会在每时每刻带来所需要的。那是好像田野中的百合花那样生活，不想到明天，信任我们的源头。（当然，这可以用作退出的借口，但在活出时，它是加入，将我们能够做的都给予生命，包括任何所需的计划。）

不知的生命，以及它那非凡的喜乐和可行性，是不应该成为直接目标的。我们只有借着放弃对他们的任何拥有权以及任何栽培它们的想法，才能够得到它们。不过，我们可以相信它们会在适当时候来到，只要我们留意它们的背景，留意这里的空无。先求这国度中最赤裸裸的国度（里面的国度），这一切美丽的东西都会加给你：寻求它们时，它们都会被拿走。让我们与我们知道（和不知道）得很清楚的那空无一起，它会提供我们一无所知的填补物，而那会证明正好是这一刻所需要的。为什么我们应该相信它总会得出正确的答案，即使现在那答案看来似乎是多么错误？为什么我们应该绝对相信它？如果我们的经验仍未给我们压倒性的理由这样做，让我们现在看什么是它最崇高、最杰出、最鼓舞人心和令人难以置信（但一旦看见时，是最明显）的成就。

（2）不知的第二个范畴不是放弃假设事情当然需要好像它们那样，或者我们认为它们怎样，而是它们需要怎样！为什么存在本身应该存在？这两种不知之间的差别是不可估量的；它们不在同一个类别。第一种情况将我们留意到的事物视为奇迹。第二种情况将它们来自的有意识的"无物"视为奇迹。第一种情况相对温和，温和地进行，不断变化，是一个程度的问题。第二种情况则是一个击倒性的、全有或全无的洞察，完全不同于任何其他情况。

然而，关键在于微小的差距，存在于那些小词之间，即"什么"和"那"。在这里，现实是什么失去了所有重要性，现实是那变得至关重要。路德维希·维特根斯坦写道："世界上的事物是什么，对更高的事物来说完全无关紧要。上帝不在世界上显现……神秘的不是世界上的事物是什么，而是它存在。"我想将它扩充：真正神秘的事实是，神——又名自觉的存有——存在，而在祂之后，祂的世界的存在相对来说没有什么特别，是理所当然的。

在这一点上，我将不得不回到直接的自传。当然，我无法详细记住我那段多次中断（但终生热爱）的与存在之谜的恋爱经历的早期片段。然而，以下是对那四阶段冒险的重建——最终发现"无头"的终极意义和价值——是传达它的精神，它的实际感觉的最好方法：

（ⅰ）我是一个青少年，与一个较年长的朋友谈话：

哈丁：好吧，上帝创造世界。但祂首先怎会在那里？谁创造上帝？

朋友：没有谁。祂创造自己。

哈丁：但祂怎能那样做？是不是本来什么也没有，一个巨大的空白，然后——砰！——祂就在那里？祂一定是吓坏了！我可以听到祂在呼喊："我令自己出现！我很聪明吧！"

朋友：你这是不敬。上帝是那么伟大，祂总是存在，祂总需要存在。为什么祂要被自己的存在吓坏？那是祂的本性。

哈丁：我想祂每次留意到自己做了什么都一定会起鸡皮疙瘩——好像那样凭空制造自己（不是好像一团渴睡的老疙瘩，而是完全清醒），完全没有外来帮助！那不单是法术，那是不可能！之后，祂可以做任何事：令数以十亿计的世界全都完整，而且祂双手绑在后面！

朋友：你不明白。需要有某一位创造万物。

哈丁：但不是创造自己的一位！祂不需要出现。祂不一定要这样。或者，如果祂真的需要出现，背景一定要有另一位令祂出现——这表示祂毕竟不是上帝。真正的上帝是另外那一位——同样，忙于发明自己！

朋友：（站起来准备离开）：这些事与我们无关。上帝和起初都是我们不应该探究的奥秘——对我们来说当然是奥秘，但对祂来说不是。

哈丁：（向自己说）：那么为什么祂将我造成一个探究者？我仍然认为有任何人或任何东西存在是非常有趣——有趣而奇特。应该只是——什么也没有！没有一个斑点，没有一下刺痛，没有意识的微光。

（ii）时间是几年后。现在已经长大——但还没有意识到无头——我进一步思考自我存在的问题，这个问题一直困扰着我。

上帝自己是那首要的不知者！上帝（或者你喜欢怎样称号他或她，他或她是空无性、源头、意识和存有）不可能明白祂怎样产生自己，祂怎样倚靠自己从空无的不存在中将自己拉出来，祂怎样从最深的睡眠，从那漫长和无梦的深夜中唤醒自己。要理解祂自己，就必须在无限且徒劳的倒退中站在　自己之下。这是一种荒谬且自我挫败的扭曲！祂喜欢对自己保持绝对的神秘——一个永远掌握自己一切的神会遭受永恒的无聊。这种神圣的无知并不是他本性的缺陷。恰恰相反：这正是祂永远对自己充满狂喜敬畏的原因，超越一切衡量。这也是祂远超人类的谦卑，祂在面对自己难以言喻的宏伟时的颤抖，祂在凝视自己无底深渊时的眩晕的原因。（只有我们自满的人类才自负地认为存在是我们的自然权利，认为它是理所当然的，就像我们每天早餐时都能享用它一样！）最后，当我们可笑的自命不凡逐渐消失时，那不单是我们崇拜祂的终极理由，也是无限信靠和乐观的终极理由。在这开始和唯一的奇迹后，还可以排除什么奇迹？对实现了那不可能的那一位来说，一切都是可能的。有伟大的知识——也就是知道和不知道怎样存在——的那一位并不是笨蛋。祂的世界没有出错。一切都很好。

（iii）我现在已经三十出头，已经"失去了我的头"。因此，我童年和少年对存在的惊叹开始有新的面向。对圣十字若望（St. John of the Cross）那明净和富启发性的话，我怀着喜悦踉跄，他说："最完美地认识上帝的人最清楚地看到　是完全无法理解的。"这引致那个惊人的思想：证实我们对祂的知识（作为完全无法理解），令它成为真知识的，是那实际上是　对自己的知识，在我们里面继续。因为不是身为这些细小、模糊、有头、太人性的受造物，令自我创造的奇妙使我们目瞪口呆，将我们击倒，而是那位自我创造主自己。（不：我们不是沉溺在宏伟的幻想中！相反，我们将所有个人神性的宣称都拒斥为荒谬。真正的傲慢，真正的亵渎是假装这人类本身可以爬到令人头晕目眩的高度，在那里可以看到上帝——且不提那潜藏的伪装，认为这人的"存在"在本身的层面，除了那存在的一位外有任何本身的存有。）那了不起的事实（同时无限地褒扬又无限地贬抑）是我们对　的成就那惊讶的喜悦并不少于　自己那惊讶的喜悦——那真实的，而且不是它的反射，或者甚至参与其中。在这个层面，还有什么其他的人让祂与他们分享？

（iv）最后，突然间，那至高的（而且终于是完美地明显）真理让我终于明白。自我创造并非由别人在很久以前，从远处，一次过地实现，不可能的壮举；而是在此时此地进行的！那不可能性是持续、不能穷尽、一直存在的。在这里，在这个受鄙视，他们告诉我是细小、被忽略的地方，应该塞了一个头，在这里，自我创造这整个极其铺张的戏剧，在这一刻，以它所有原始的奇妙，彷佛第一次展现（略去彷佛）！就在此时此地，这令人兴奋的奥秘——这"我是！"的呼喊——是我的呼喊，是——我的奥秘，是我的自我。我要考虑这事。就在此时此地，我再不能逃避我对存在性本身的责任——更不要说对存在的一切的责任。

如果在我宇宙的中心曾经有一个斑点———一个细小、紧密地包装、非常个人的满箱神经物质和过程——假设这样微不足道的东西可以有意义地包含宇宙和它的源头和存有的整个奥秘，是多么疯狂！幸好我感知——我可以说这无头的地方本身感知——作为绝对整齐和无限地扩展的意识，它十分理想地适合那巨大的任务。那是它恰当的事务。还有，我可以肯定，这同一个最刻薄又最伟大，最私人又最不私人，最近和最为人所知，但又最不为人所知的地方，打包了多出很多——不可估量地多——的惊讶，不可思议的奇妙。谁会想到只是失去一个头，会表示得到这样一个宝库？

不过，这潜力本身的丰富，这阿拉丁洞穴的无限资源，可以成为挫败的原因，因为那焦虑的感觉，毕竟令我们永远被判定继续作为寻求者——永远都不能够得到一切，总是错失一些重要的东西，总是在那启示的边缘。但这焦虑只在我们看不见那洞穴本身，看不见那么丰富的，看不见那透明的源头和容器，以及看不见实际上是所有体认的终结，我们真正和永恒以及没有本性的本性时才会出现。它们是出生；它是未出生。它们来又去，增加又减少；它永不改变。它们由思想和感觉组成；它没有思想或感觉。甚至不是这些体认中最崇高的，甚至不是自我创造的至高的奇迹，[8]是在它是真实的意义上真实的，没有什么是供把握或抓着的。但每一个在它浮现时都要以尊敬相待，视为带有它源头的权威，完全适合它的时间和场合。

事实上，我们还远未达到那些标志着无头之道阶段的伟大领悟的终点。我们在这条道路上还有很长的路要

[8.] 《埃及人的福音》（The Gospel of the Egyptians）提到"自生的完美者，你不在我之外"，《三重论》（Tripartite Tractate）提到不可言喻的那一位"他知道自己是什么，即他是值得自己钦佩、荣耀、尊敬和赞美的，因为他创造了自己"。这些段落的诺斯替作者生活在公元2-3世纪左右。1657年，天主教徒安吉鲁斯·西利修斯描绘了上帝"向自己弯腰鞠躬"。他是奇妙的，因为"他意愿他所是，并且是他所意愿的，无始无终，无因无果"。

走。而且，这条路将变得越来越艰难。一个巨大的障碍正在逼近……

（7）障碍

无论在这条道路的第（5）和第（6）阶段的发现多么具革命性，或者它们开始证明对生活多么宝贵，最终它们仍然令旅人非常不满足。还有痛楚，有一种不明确的渴望。即使有这些颇为真实的灵性"进步"，仍然有一个非常重要的地区未到访，或者至少未得到充分探索。那是一个黑暗和危险的国度，居住了怪物，而且不能绕过。那是意志的地区。在这里，在所有这些明亮的事情以外和以下，未重生的自我仍然在运作，可能比任何时候都更激烈地努力工作。因此，我们来到旅程的第（7）阶段，这里更像一个死胡同或不能通过的障碍，而不是它的真面目——旅程中真正有考验的阶段，痛苦但却是必须的。

这是一个令人失望甚至可能相当毁灭性的发现，一个人对这里的"无"的完全清晰和几乎习惯性的洞察（伴随着我们之前注意到的所有那些令人鼓舞的发展）可以与对这里一个巨大的"有"的盲视并存——即一个

人的个人和分离的意志或自我。就好像一个人的眼睛
（感知）和头脑（思维）已经打开并充满了光明，而一
个人的心和内脏仍然至少部分关闭和黑暗。就好像一个
人半屈服——上半部分完全屈服，而下半部分可能像疯
了一样抗议。某程度来说，整个人格那些"较高"和更
有意识的区域变得与"低等"和意识较低的层面不
和——并从那些层面分开。（在这方面，个人的情况可
能比那"未开悟"的人更糟，那人在所有层面都委身于
他虚构的物性，因此避过了严重的内在二分。）结果
是：越来越强，而且原因不明的压力，也许是严重的抑
郁，感到个人毫无价值和无用。一个可怕的思想缠绕着
个人：所有那些灵性"进展"，所有那些引致这障碍的
努力，是不是浪费时间，甚至是欺骗性的？

　　我们可以有各种反应。深感沮丧时，我们可以回
头，带着这种简单的观察之道并非如此直截了当且比预
期更为艰难的悲伤感觉：于是我们离开艰难的沙漠小
径，尝试其他更好铺设、更受欢迎和更具风景的高速公
路，或许还会预订其中一个提供的众多灵性导游。这种
反应既常见又可以理解。

　　较少见的反应是在这一点上停下来，并利用、甚至

培养已经伴随内视或无头状态而来的特殊力量或神通，将它们应用于有限的（尽管不总是狭隘的个人）目的——这些目的，无论多么合理甚至高尚，实际上都是由分离的自我设定的。（实际上，没有任何自我之旅能与灵性自我之旅相比！据说撒旦是所有天使中最有智慧的：他唯一缺乏的灵性卓越是谦卑、自我放弃。无疑这只是一个具有深刻意义的神话；然而，我们所有人内心的自我都足够邪恶，并且能够进行无尽的曲折。）例如，今天和过去一样，各种有天赋的灵性修行者、奇迹制造者和魔术师、大规模邪教的领导者，他们寻求（有时是暂时的惊人成功）利用他们与真实自我的联系，以促进他们不是真实自我的东西——即他们的虚假自我、他们的有限目标、他们对他人的控制，简而言之，他们的自我。[9]最糟糕的情况下，这是通向灵性自杀的道路。最好的情况下，这是一个诱人的旁路，暂时转移了不止

---

[9] 这种领导者的标志是，他不是坚持让他的追随者寻找他们内心的资源，并相应地对他们的生活负责，而是鼓励他们依赖他。他可能会解释说，交给他这个外在的导师是交给内在导师、他们真实自我的第一步；但实际上，这第二步——需要彻底转变——随着几个月和几年的不断奉献，可能会变得越来越难以迈出。另一方面，如果导师真的希望他的弟子尽快摆脱他，转向他们自己的自给自足，他有办法帮助他们做到这一点——结果是他们的爱和感激只能加深。

少数旅行者的注意力。

真正的路线在于直接走进，并最终穿过障碍，我们西方的传统称那些障碍为灵魂的黑夜。关于它，伊夫林·恩德晓（Evelyn Underhill）（一位专家）写道："自我在第一次净化中清洁了感知的镜；因此，在它照亮的生命，它看见过现实…现在，它需要成为现实：这是十分不同的事。为此，需要有一次新和更激烈的净化——不是净化感知的器官，而是净化自我的神坛：那个'心'，也就是人格的所在，它的爱和意志的源头。"在某种意义上，这是真正的道路的开始，是真正的灵性生活，它无非就是自我放弃、自我抛弃，实际上是支持发生在自己身上的一切，作为分离和虚幻的自我（我是某个人）而死去，并作为唯一真正无我的自我（我是）重生。可以说，到目前为止的所有灵性"进步"只是为此做准备，这是道路的本质，也是最艰难的阶段，最终导致突破。

（8）突破

这等于是深刻地宣告意图。它是在直觉层面（可以这么说）明白个人最深的渴望是一切都会如它们所是——看见一切都从个人的真本性，这里那个意识空间中流出。

这突破实际上怎样造成？个人可以做什么将它拉近？

从某种意义上说，什么都没有。这不是一种作为，而是一种解除，是放弃，是放弃认为这里有任何人可以放弃的错误信念。还能做什么呢？毕竟，一个人的最初内视——无论多么"短暂"和"浅显"——已经是完全的自我放弃：这里的一切都消失了：或者更确切地说，很明显这里没有什么可以消失。这是从以自我为中心的虚构到零中心事实的本质飞跃。可以肯定的是，自那以后每天忠实的观察——已经看到自己是无和一切——是发现自己在最深层次上已经愿意成为"无"和一切的最有价值的准备。那么，生活本身——如果我们愿意学习它那无比智慧但常常令人痛苦的教训——总是在证明，获得我们独立和个人的目标只会带来最短暂的满足，之后是幻灭和无聊，甚至是厌恶；而每当我们有恩典对我们的环境说"是！"，并积极地行使意愿（而不是被动地默许）发生的一切时，就会涌现出那种真正持久的喜悦，东方传统称之为"极乐"（ananda）。

　　那么，这突破是超越那明显，进展到不明显的；超越那普通，进展到不寻常的；超越那世俗和不言而喻，进展到深奥、密契、深深地隐藏的属灵事物吗？我们是否已经结束对指南针的使用——也就是好像孩童一样信任被给予的——它在我们漫长的旅程中引导我们到这里？几乎相反。障碍的这边有普通的家园，明显的国度，那什么是这样。在另一边，在突破前，我们的欲望多么严重地弄暗、扭曲和隐藏要让人看见的，而我们的依附——我们的爱和我们的恨——获准入侵，模糊我们中心的清晰，令我们看不见那真实！我们往往只看见我们想看见的，而我们的意图大肆破坏我们的注意力！（两个一厢情愿的幻觉的例子：我那么迫切需要追得上我周围那些完全的人，以致数十年以来我都"看见"在这个躯干上有一个头；很大程度上由于同一原因，十七世纪的显微镜师"看见"并绘画人类的精子作为微细和拉长了的人类！）在障碍的那边，我们的任性侵蚀那明显的：在这边，那明显的侵蚀我们的任性。那障碍就是我们的任性或自我累积的防卫-努力，它最强大但又是绝望地对抗不可避免的事实的持续攻击；克服它的越来越是同样的现实性，同样对是这样的感激的崇敬——对那清楚地给出的，对那非常明显的——带我们一直去到那障碍。用我们西方传统的话来说，我们的突破是我们无条件并不断更新地降伏于上帝的意志，是完美地在我们的环境中显明的——我们清楚地看到上帝的旨意在我们周围和我们内心的所有正在发生的事情中显现。只要祂的意志成为我们的意志，我们就会看到他的世界本来的样子；只要我们看到它本来的样子，我们的意志就会成为他的意志，我们从心底欢迎这个世界带给我们的一切。简而言之，我们的观察和意愿融合在一起——当然不是一劳永逸的，而是随着生命的每一刻。

为了进一步了解我们所见与我们所愿的结合，让我们回到之前引用的佛陀的一段讲道："涅槃在此生中可见，邀请、吸引、对智慧的弟子可及。"这个如此可见的涅 究竟是什么？在同一篇讲道中，它被描述为"和平，至高无上……欲望的终结，转离渴望。"在这里，分裂终于愈合；没有伤口将清晰可见的'无'与现在深深感受到的"无"——即意志的无条件投降——分开。或者，重复佛陀的话，就是欲望的终结。

如果我们可以谈及高峰经验，这（正如佛陀向我们保证）是它们中最高的，以及它与低谷经验中最低的不可分开。反转过来读，深度就是高度；无限贬低就是无限提升；完全自我损失就是完全自我满足。最终，这就是你怎样走你的路，藉着停止所有虚饰，并成为你自己。天主教那位降伏的伟大权威——高萨德（Jean-Pierre de Caussade）——写道："如果你放弃所有的约束，将你的愿望发挥到极限，敞开心扉，无时无刻你都会发现你可能渴望的一切。此刻拥有超乎你想象的无限财富。"

作为平衡——而且在风格上完全成为对比，但在实质上等同——这里有一个禅宗的故事。某个大师有一个很有天分的弟子，大师决定将弟子派去见一位伟大的教师，他会为弟子的训练加上最后一笔，指出走向禅的高峰经验的路。令弟子惊讶的是，这最好的教师原来是一个贫穷而且病得颇重的老妇人，他从她那里不能得到什么教导。不过，她最终确实揭示了一切。那就是："我没有任何埋怨！"

这清醒的杰作——好像高萨德充满热诚的倾出——是关于祝福，一直颇为简单地隐藏于我们的看见的终极喜乐（有明智和蒙福的纯真），在这里我们没有头，完全没有任何东西。我们走了多长的路，才找到财宝中的财宝，是我们一直都带在身边的。

总结和结论

这种方式将无头状态——即看到虚无——置于灵性生活的起点。从一开始，它就是'真正的看见，永恒的看见'，在我们前行的过程中不会被取代、改进或改变。它是照亮道路各个阶段的探索但仁慈的光。它是实现愿望的宝石，是被给予的——同时被鄙视和恐惧——最终被发现，它充满爱意地给予我们所想要的一切。或者，它是支撑宗教多层结构的基石，这种结构总是在建造中，总是变得危险地不平衡——全是心或全是头，禁欲或感官，超凡脱俗或深陷政治等等——在我们站在那基石上之前，我们都有点失去平衡，我们摇晃，我们在极端之间摇摆。但再一次（因为关于这的隐喻是没有穷尽的），那是生命的粮，虽然无味，但却真正有营养，而且支持那些美食——灵性和密契的喜悦——是有时散布在它上面的。快乐地，我们的储藏室虽然往往缺少这些我们饮食中更开胃的补充剂，但却从不会缺少生命的支柱。

话虽如此，我们必须赶紧重复一下，仅凭自身而没有持续的实践和深刻的理解，尤其是没有放弃分离的个人意志，我们最初的无头体验仍然是无效的。我们可以说，这种短暂的启示（尽管可能被滥用）本身从未对任何人造成伤害，它确实打开了通向永恒的短暂窗口，并且（铰链现在松动了）这个窗口随时可能在上帝的风中大开，最终保持敞开。我们是什么可以被信任，在正午的清新、温暖和光辉中，在炽热的显而易见中，恰如其分地显现。

ON HAVING NO HEAD
后记

让我们假设你想继续走这条路。这样，你可能会提出这样的问题：我要从这里走到哪里？我要向谁寻求进一步的引导和鼓励？我可以加入什么支持小组？

与大部分其他灵性运动一样活生生和独特的灵性运动相比，无头之道明显缺乏组织。它和接受它的人相似，也就是它也是无头的—意思是它没有主持的权威人物，没有管理委员会或总部，没有职员照顾有记录和付费的会员制，那些会员定期聚集，并尝试跟从某些指引。

这样没有架构的原因不是由于不冷不热，或者不愿意传播这本书讲述的经验。刚好相反。它源自那经验本身的本质—作为终极的自力更生。或者更详细地说，从那四重发现，真正要活出的道路是向里面看，看谁在这样做，只有你可以看见这个"谁"，这去看确立你成为关于最重要的事情的权威，相应地你的道路不会配合某些由上面，或者由这本书或其他书，其他人或系统设定的固定模式。例如：虽然这里描述的八个阶段没有一个可以绕过，你可能会发现你以不同的次序应付较后的阶段，而且肯定会以十分个人的方式进行。

从外部来看，一群自称无头的角色在做他们的事情，他们明显的无政府状态既是一个巨大的劣势（因为组织是启动事情所必需的），也是某种优势（因为组织会产生问题，这些问题会掩盖——如果不是破坏——它们成立的初衷）。然而，从内部来看，这种世俗的智慧不再适用：我们关心的不是事物，而是它们来自的无物，是那种无法定义的东西，它使所有试图将其映射并做成某物的计划变得荒谬。为什么要建立一个团体或派别——这立刻将人类分为我们这些开明的内部人士和那些被蒙蔽的外部人士———一个派别（如果你愿意的话！），其明确的目标是表明没有这样的分裂，本质上他们就是我们，我们已经完全开悟了？事实是，无头之道根本不是一种方式，不是到达某个地方的手段。人们心中可能渴望的一切，从一开始就已经免费给予了。这使它与那些分阶段进行的学科和课程显著不同，那些课程承诺某天会交付真正的成果：与此同时，必须有这个机构来制定规则并管理整个事务。无论如何，谁会加入一个组织并支付大笔费用，只为了在充分训练后得到他已经拥有的东西，满满当当，压紧摇实，溢出来呢？

我们的首要目标——即洞察并从空无中生活——必然是抗拒组织的。对于所有其他目的，我们仍然可以自由加入任何我们喜欢的组织。这意味着，由于我们没有自己的"教会"，我们对其他人构成的挑战最小，并且希望能够更好地向他们学习并为他们做出贡献。事实上，我们的一些"无头"朋友发现，加入一些既定的宗教或准宗教团体是有帮助的。但无头者仍然是唯一的一个，视自己为独一无二，并面对其孤独。在这个层面上，没有其他人。

尽管如此——现在降到存在他人的层面——独自保持这种见解、独自前行的困难几乎无法夸大。对于我们大多数人来说，这是一场最勇敢和最苛刻的冒险，同行冒险者的陪伴是不可或缺的。因此，如果我们鼓励人们将这本书的信息铭记于心，却未能提供与这种事业的性质相符的持续支持，那将是不现实的——更糟的是，不负责任和冷漠的。事实上，对于那些致力于继续前行的读者，我们确实有很多可以提供的帮助：

首先，有充满爱意的朋友，一个松散、分散、完全非正式的先知网络，他们利用一切可用的手段保持联系。其次，网站 www.headless.org 提供了一些帮助。第三，除了世界上大量珍贵的（且越来越多的）神秘文学——神秘的意义在于它指向我们的真实身份——作者还提供了一些书籍和其他辅助材料。第四也是最后，如果仍然难以找到无头的朋友，可能也不难结交。尽管有各种阻力，这种状态是具有感染力和独特传播性的。无论如何，保持这种状态的最好方法之一就是传递它。

但最终，所有这些考虑和设计都是相当边缘的。因为我们并不是作为人类——作为许多独立的个体互相帮助看清他们真正是谁——而获得这种视野的，而是（用《奥义书》的话来说）作为"所有生物中的唯一观察者"。自我观察确实是唯一者的特权和专长，最终，我们所有有组织或无序的努力来帮助这种观察都是相当滑稽的。

那么，重申我们最初的问题：我们现在该去哪里？答案是：无处可去。让我们坚定地留在这里，看到并成为显而易见的这一切，并承担后果。结果会是好的。

www.ingramcontent.com/pod-product-compliance
Lightning Source LLC
Chambersburg PA
CBHW061746020426
42331CB00006B/1369